Anonymous

Vocabulary of words contained in the four gospels and the acts

Sixth Edition

Anonymous

Vocabulary of words contained in the four gospels and the acts
Sixth Edition

ISBN/EAN: 9783337279943

Printed in Europe, USA, Canada, Australia, Japan

Cover: Foto ©Paul-Georg Meister /pixelio.de

More available books at **www.hansebooks.com**

VOCABULARY

OF

WORDS CONTAINED IN

THE FOUR GOSPELS

AND

THE ACTS.

SIXTH EDITION.

FOR THE USE OF

CHARTERHOUSE SCHOOL.

LONDON:

TAYLOR AND FRANCIS, RED LION COURT, FLEET STREET.

1869.

PRINTED BY TAYLOR AND FRANCIS,
RED LION COURT, FLEET STREET.

VOCABULARY

OF

WORDS CONTAINED IN

THE FOUR GOSPELS AND THE ACTS.

The mark ; *implies Derivation.*

The mark : *implies Composition.*

'ΑΑΡΩ'Ν m. *Hebrew undeclined.* Aaron, son of Amram, grandson of Levi and Jochebed; elder brother of Moses; first High-Priest to the Israelites.

'Αββᾶ m. *Heb. und.* Father.

῎Αβελ m. *Heb. und.* Abel, Adam's second son.

'Αβιὰ m. *Heb. und.* Abia. 1. Second King of Judah, grandson of Solomon, *Matth.* i. 7. 2. A descendant of Aaron, at the head of a Sacerdotal family, the eighth in the order of the Classes appointed to serve in the temple, *Luke* i. 5.

'Αβιάθαρ m. *Heb. und.* A High-Priest of the Jews, a faithful friend of David.

'Αβιληνὸs -ὴ -ὸν ; ῎Αβιλα, of Abila. *used substantively without* χώρα, Abilene, a Region of Syria, between Libanus and Hermon.

'Αβιοὺδ m. *Heb. und.* Abiud, son of Zorobabel.

'Αβραὰμ m. *Heb. und.* Abraham, son of Tera, to whom the promise of the Saviour in his seed was given.

ἄβυσσος -σον : ἀ *not,* βυσσὸs *bottom.* without bottom. *used substantively without* χώρα, the deep.

A 2

Ἄγαβος -ου, Agabus, a Christian Prophet, who foretold a famine which took place in the reign of Claudius; and also the imprisonment of Paul.

ἀγαθοποιέω : ἀγαθοποιὸς : ἀγαθὸς *good*, ποιὸς : ποιέω *do*. ἀγαθοποιήσω, ἀγαθοποίηκα do good.

ἀγαθὸς -ἡ -ὸν good.

ἀγαλλίασις -σεως ; ἀγαλλιάομαι *exult*. exultation.

ἀγαλλιάω *or* -άομαι : ἄγαν *very*, ἀλλιάω ; ἄλλομαι *leap*. ἀγαλλιάσομαι, ἠγαλλίασμαι exult.

ἀγανακτέω : ἄγαν *very*, ἀκτέω ; ἄχθος *oppressive burden*. ἀγανακτήσω, ἠγανάκτηκα feel hurt *or* indignant.

ἀγαπάω ; ἀγάπη *love*. ἀγαπήσω, ἠγάπηκα love.

ἀγάπη -ης love.

ἀγαπητὸς -τὴ -τὸν ; ἀγαπάω *love*. to be loved.

ἀγγαρεύω ; ἄγγαρος Courier *employed by express to carry despatches of the Persian Monarch a given distance*. ἀγγαρεύσω, ἠγγάρευκα, ἠγγάρευμαι press, force.

ἀγγεῖον ; ἄγγος *vessel*. small vessel.

ἄγγελος -ου Angel, messenger.

ἀγέλη -ης ; ἄγω *drive*. herd.

ἁγιάζω ; ἅγιος *holy*. ἁγιάσω, ἡγίακα, ἡγίασμαι hallow, consecrate.

ἅγιος -α -ον holy.

ἀγκάλη -ης ; ἀγκὴ. bending of the arm.

ἄγκιστρον ; ἀγκίζω. fishing-hook.

ἄγκυρα -ας ; ἀγκὶ). anchor.

ἄγραφος -ον : ἀ *not*, γνάφος ; γνάπτω *card*. not carded, not dressed by the fuller, new.

ἁγνίζω ; ἁγνὸς *pure*. ἁγνίσω, ἥγνικα, ἥγνισμαι purify.

ἁγνισμὸς -οῦ ; ἁγνίζω *purify*. purification.

ἀγνοέω ; ἀγνὼς *ignorant*. ἀγνοήσω, ἠγνόηκα, ἠγνόημαι know not.

ἄγνοια -ας ; ἀγνὼς. ignorance.

ἄγνωστος -ον : ἀ *not*, γνωστὸς *known* : γνόω *know*. unknown.

ἀγοράας ; ἀγείρω *assemble*. assembly, market.

ἀγοράζω ; ἀγορὰ market. ἀγοράσω, ἠγόρακα, ἠγόρασμαι buy.
ἀγοραῖος -ον ; ἀγορὰ. 1. of the market, vulgar. 2. agr. ἡμέρα of the court, court-day.
ἄγρα -ας catching, in hunting or fishing. that which is caught.
ἀγράμματος -ον : ἀ not, γράμματος ; γράμμα letter. illiterate.
ἀγραυλέω ; ἄγραυλος folding in the field : ἀγρὸς field, αὐλὴ fold. ἀγραυλήσω, ἠγραύληκα keep watch in the fields.
ἀγρεύω ; ἄγρα catching. ἀγρεύσω, ἤγρευκα, ἤγρευμαι catch.
ἄγριος -α -ον ; ἀγρὸς field. wild.
Ἀγρίππας -α m. Agrippa. 1. son of Aristobulus and grandson of Herod the Great; King of Judæa and Trachonitis; caused St. James the Elder to be put to death, and died at Cæsarea. 2. son of the former, and king of Chalcis, in whose presence St. Paul was tried by Festus.
ἀγρὸς -οῦ field.
ἀγρυπνέω ; ἄγρυπνος sleeping in the field : ἀγρὸς field. ὕπνος sleep. ἀγρυπνήσω, ἠγρύπνηκα am watchful like the shepherd, who, if he sleeps, is ready in the field to protect the sheep, and is awakened by the least noise.
ἄγω, ἄξω, ἦχα, ἦγμαι, ἤγαγον lead, betake oneself.
ἀγωνία -ας ; ἀγὼν contest. distress of mind, agony.
ἀγωνίζομαι ; ἀγὼν contest. ἀγωνίσομαι, ἠγώνισμαι strive.
Ἀδάμ m. Heb. und. red earth. Adam.
Ἀδδὶ m. Heb. und. Addi, a Jew of the family of David.
ἀδελφὴ -ῆς sister.
ἀδελφὸς -οῦ brother.
ἄδηλος -ον ; ἀ not, δῆλος manifest. obscure.
ἀδημονέω ; ἀδήμων overwhelmed with grief. ἀδημονήσω, ἠδημόνηκα am greatly grieved, am depressed with sorrow.

ᾅδης -ου Hades, place of departed souls.
ἀδικέω ; ἄδικος unjust. ἀδικήσω, ἠδίκηκα, ἠδίκημαι injure, wrong.
ἀδίκημα -τος ; ἀδικέω. unjust act, wrong.
ἀδικία -ας ; ἄδικος unjust. injustice.
ἄδικος -ον : ἀ not, δίκη justice. unjust.
Ἀδραμυττηνὸς -ὸν ; Ἀδραμύττειον, Adramyttium, a city of Æolia. of Adramyttium.
Ἀδρίας -ίου, Adria, Adriatic Sea.
ἀδυνατέω ; ἀδύνατος impossible. ἀδυνατήσω, ἠδυνάτηκα cannot. 3rd pers. is impossible.
ἀδύνατος -ον : ἀ not, δυνατὸς possible ; δύναμαι am able. impossible.
ἀεὶ Adv. always.
ἀετὸς -οῦ eagle.
ἄζυμος -ον : ἀ not, ζύμη leaven ; ζέω ferment. unleavened.
Ἀζὼρ m. Heb. und. Asor, a Jew of the family of David.
Ἄζωτος -ου f. Azotus, a seaport of Philistia, called in O. T. Ashdod.
ἀὴρ, έρος ; ἄω blow. air.
ἀθέμιτος -ον : ἀ not, θέμις -ιτος divine law. prohibited by divine law, unlawful.
ἀθετέω ; ἄθετος displaced : ἀ not, θετὸς ; θέω place. ἀθετήσω, ἠθέτηκα, ἠθέτημαι annul, reject, render useless.
Ἀθῆναι -ῶν, Athens, capital of Attica.
Ἀθηναῖος -ον ; Ἀθῆναι, Athenian.
ἀθῶος -ον : ἀ not, θωὴ imposed fine. unpunished, innocent.
αἰγιαλὸς οῦ beach.
Αἰγύπτιος -ον ; Αἴγυπτος. Ægyptian.
Αἴγυπτος -ου f. Ægypt, a most celebrated region to the North-east of Africa.
Αἰθίοψ -οπος : αἴθω burn, ὦψ face. of Æthiopia, a region of Africa, south of Ægypt.
αἷμα -ματος blood.
αἱμορροέω ; αἱμόρροος : αἷμα blood, ῥόος ; ῥέω flow. αἱμορροήσω, ᾑμορρόηκα flow with blood.

Αἰνέας -ου. Æneas, a paralytic cured by St. Peter.
αἰνέω ; αἶνος praise. αἰνέσω -ήσω, ἤνεκα, ἤνεμαι praise.
αἶνος -ου praise.
Αἰνὼν f. Heb. und. Ænon, a city near Jordan.
αἵρεσις -σεως ; αἱρέω choose. choice, heresy, sect.
αἱρετίζω ; αἱρετὸς ; αἱρέω choose. αἱρετίσω, ἤρέτικα, ἤρέτισμαι select specially.
αἴρω, ἀρῶ, ἦρκα, ἦρμαι raise, lift up, destroy.
αἰσθάνομαι ; αἰσθέω. αἰσθήσομαι, ἦσθημαι. ἠσθόμην perceive.
αἰσχύνη -νης shame.
αἰσχύνω ; αἶσχος disgrace. αἰσχυνῶ, ἤσχυγκα, ἤσχυμμαι disgrace. mid. am ashamed.
αἰτέω, αἰτήσω, ἤτηκα, ἤτημαι ask.
αἴτημα -ματος ; αἰτέω ask. petition.
αἰτία -ας cause, case, charge.
αἰτίαμα -ματος ; αἰτιάομαι accuse ; αἰτία. charge.
αἴτιος -α -ον deserving.
αἰφνίδιος -ον ; αἴφνης suddenly. sudden.
αἰχμαλωτίζω ; αἰχμάλωτος captive. αἰχμαλωτίσω, ἤχμαλώτικα, ἤχμαλώτισμαι make captive.
αἰχμάλωτος -τον : αἰχμὴ point of a spear, ἁλωτὸς ; ἅλωμι take. captive.
αἰὼν -ῶνος m. age, generation, life.
αἰώνιος -ον ; αἰὼν age. of age, eternal.
ἀκαθαρσία -ας ; ἀκάθαρτος unclean. uncleanness.
ἀκάθαρτος -ον : ἀ not, καθαρὸς ; καθαίρω cleanse. unclean.
ἄκανθα -θης thorn.
ἀκάνθινος -η -ον ; ἄκανθα thorn. of thorns.
ἄκαρπος -πον : ἀ not, καρπὸς fruit. unfruitful.
ἀκατάκριτος -ον : ἀ not, κατακριτὸς ; κατακρίνω condemn. uncondemned.
ἀκαταστασία -ας ; ἀκατάστατος unsettled : ἀ not, κατάστατος ; καθίστημι : κατὰ down, ἵστημι place ; στάω. unsettled state.
Ἀκελδαμὰ Syriac und. n. field of blood, Aceldama.

ἀκέραιος -ον : ἀ not, κέραιος ; κέρας horn (as symbolic of injury). harmless.
ἀκμή -μῆς point. acc. ἀκμήν, to this point of time, still.
ἀκοή -ῆς ; ἀκούω hear. hearing.
ἀκολουθέω ; ἀκόλουθος attendant. ἀκολουθήσω, ἠκολούθηκα follow.
ἀκούω, ἀκούσω, ἀκήκοα, ἤκουσμαι hear.
ἀκρασία -ας ; ἄκρατος unmixed : ἀ not, κρατός ; κεράω mix. intemperance.
ἀκρίβεια -είας ; ἀκριβής accurate. accuracy.
ἀκριβής -ές ; ἄκρος extreme. ἀκριβέστερος, ἀκριβέστατος. accurate.
ἀκρῑβόω ; ἀκριβής accurate. ἀκριβώσω, ἠκρίβωκα, ἠκρίβωμαι learn accurately.
ἀκρῑβῶς ; ἀκρῑβής accurate. accurately.
ἀκρίς -ίδος f. locust.
ἀκροατήριον -ίου ; ἀκροάομαι hear. place of hearing, court.
ἀκροβυστία -ίας uncircumcision.
ἄκρος -α -ον extreme.
'Ακύλας -ου Aquila, a Christian Jew of Pontus.
ἀκῡρόω : ἀ not, κυρόω ; κῦρος authority. ἀκῡρώσω, ἠκύρωκα, ἠκύρωμαι deprive of authority, abrogate.
ἀκωλύτως : ἀ not, κωλυτῶς ; κωλυτός hindered ; κωλύω hinder. without hindrance.
ἀλάβαστρον -ου alabaster, a box for ointment.
ἀλαλάζω ; ἀλαλά military cry. ἀλαλάξω. shout either for joy or grief.
ἄλαλος -ον : ἀ not, λάλος speaking. dumb.
ἄλας -ατος salt.
ἀλείφω, ἀλείψω, ἤλειφα, ἤλειμμαι anoint.
ἀλεκτοροφωνία -ας : ἀλέκτωρ cock, φωνία ; φωνή voice. cock-crowing, the third watch of the night.
ἀλέκτωρ -τορος m. cock.
'Αλεξανδρεύς -έως ; 'Αλεξανδρεία, Alexandria, a city of Ægypt : Alexandrian.
'Αλεξανδρῖνος -ον Alexandrian.

Ἀλέξανδρος -ρου Alexander. 1. son of Simon of Cyrene. 2. one of the family of the High-Priest Annas.
ἄλευρον -ου flour.
ἀλήθεια -ας ; ἀληθής true. truth.
ἀληθής -ές : ἀ not, ληθής ; λήθω conceal. true.
ἀληθινός -ή -όν ; ἀληθής true. of truth, genuine.
ἀλήθω ; ἀλέω. ἀλήσω, ἤληκα, ἤλησμαι grind.
ἀληθῶς ; ἀληθής true. truly.
ἁλιεύς -έος ; ἅλς sea. fisherman.
ἁλιεύω ; ἁλιεύς fisherman. ἁλιεύσω, ἡλίευκα fish.
ἁλίζω ; ἅλς salt. ἁλίσω, ἥλικα, ἥλισμαι season with salt.
ἁλίσγημα -ματος ; ἁλισγέω pollute. pollution.
ἀλλά ; ἄλλος other. but.
ἀλλάττω ; ἄλλος other. ἀλλάξω, ἤλλαχα, ἤλλαγμαι change.
ἀλλαχόθεν ; ἄλλος other. from another place.
ἀλλήλων, -λοις -λαις, -λους -λας -λα ; ἄλλος other. one another.
ἀλλογενής : ἄλλος other, γενής ; γένος family. stranger.
ἅλλομαι ; ἅλς sea. ἁλοῦμαι, ἥλμαι, ἀλθήσομαι leap, spring.
ἄλλος -λη -λο other.
ἀλλότριος -α -ον ; ἄλλος other. of another.
ἀλλόφυλος -ον : ἄλλος other, φυλός ; φυλή tribe of another tribe, foreign.
ἄλογος -ον : ἀ not, λόγος reason. unreasonable.
ἀλόη -ης Aloe, an aromatic tree used by the Ægyptians in embalming the dead.
ἅλς, ἁλός f. sea : n. salt.
ἄλυσις -εως : ἀ not, λύσις ; λύω loose. chain.
Ἀλφαῖος -ου Alphæus, called also Cleophas, brother of Joseph the husband of the Virgin Mary, and father of James the less, and Matthew.
ἅλων -ωνος m. f. threshing-floor.
ἀλώπηξ -πεκος f. fox.
ἅμα together.

ἁμαρτάνω ; ἁμαρτέω. ἁμαρτήσω, ἡμάρτηκα, ἡμάρτημαι. ἥμαρτον miss the mark, sin.
ἁμάρτημα -ματος ; ἁμαρτέω. offence.
ἁμαρτία -ας ; ἁμαρτέω. sin.
ἁμάρτυρος -ον : ἀ not, μάρτυρ witness. without witness.
ἁμαρτωλὸς -λὸν ; ἁμαρτέω. sinful.
ἀμελέω ; ἀμελὴς negligent : ἀ not, μελὴς ; μελέω care. ἀμελήσω, ἠμέληκα neglect.
ἄμεμπτος -τον : ἀ not, μεμπτὸς ; μέμφομαι blame. blameless,
ἀμέριμνος -νον : ἀ not, μέριμνα care. void of care, secure.
ἀμὴν Heb. und. Adj. most true, Amen.
Ἀμιναδὰβ m. Heb. und. Aminadab, a descendant of Abraham.
ἄμμος -μου f. sand.
ἀμνὸς -νοῦ lamb.
ἄμπελος -ον f. vine.
ἀμπελουργὸς, ἀμπελοεργὸς m. f. : ἄμπελος vine, ἔργον work. vine-dresser.
ἀμπελὼν -ῶνος m. ; ἄμπελος vine. vineyard.
ἀμύνω, ἀμυνῶ, assist. mid. requite, punish.
ἀμφιβάλλω ἀμφὶ round, βάλλω cast. ἀμφιβλήσω, ἀμφιβέβληκα, ἠμφιβέβλημαι, ἀμφιέβαλον cast around.
ἀμφίβληστρον -τρου ; ἀμφιβάλλω cast around. casting-net.
ἀμφιέννυμι ; ἀμφὶ around, ἔννυμι ; ἕω put on. ἀμφιέσω, ἀμφιεῖκα, ἀμφιεῖμαι or ἠμφίεσμαι clothe.
Ἀμφίπολις -εως. Amphipolis, a city of Macedonia on the river Strymon.
ἄμφοδον -ου : ἄμφω both, ὁδὸς way. place where two ways meet.
ἀμφότερος -α -ον ; ἄμφω both. both.
Ἀμὼν m. Heb. und. Amon, fourteenth king of Judah, son of Manasse.
Ἀμὼς m. Heb. und. Amos, a Jew of the family of David.
ἂν Conditional Conjunction : joined with a relative translated ever, ὃς ἂν whoever. sometimes if.

ἀνά *Prep.* in, among. *among them*, each. *comp.* up, back.
ἀναβαθμὸς -μοῦ ; ἀναβαίνω. stair.
ἀναβαίνω : ἀνὰ up, βαίνω ; βάω go. ἀναβήσομαι, ἀναβέβηκα, ἀνέβην *intrans*. go up.
ἀναβάλλω : ἀνὰ up, βάλλω throw. ἀναβλήσω, ἀναβέβληκα, ἀναβέβλημαι, throw up, *mid*. put off, remand.
ἀναβιβάζω : ἀνὰ up, βιβάζω ; βάω go. ἀναβιβάσω, ἀναβεβίβακα, ἀναβεβίβασμαι make to go up.
ἀναβλέπω : ἀνὰ up, βλέπω see. ἀναβλέψω, ἀναβέβλεφα look up : ἀνὰ back. receive sight.
ἀνάβλεψις -εως ; ἀναβλέπω *receive sight*. receiving of sight.
ἀναβοάω ; ἀνὰ up, βοάω ; βοὴ cry. ἀναβοήσω, ἀναβεβόηκα cry aloud.
ἀναβολὴ -ῆς ; ἀναβάλλω. delay.
ἀναγγέλλω : ἀνὰ up, ἀγγέλλω tell. ἀναγγελῶ, ἀνήγγελκα, ἀνήγγελμαι tell aloud, announce.
ἀναγιγνώσκω : ἀνὰ up, γιγνώσκω ; γνόω know. ἀναγνώσομαι, ἀνέγνωκα, ἀνέγνωσμαι, ἀνέγνων read.
ἀναγκάζω ; ἀνάγκη necessity. ἀναγκάσω, ἠνάγκακα, ἠνάγκασμαι compel.
ἀναγκαῖος -α -ον ; ἀνάγκη necessity. necessary, intimate.
ἀνάγκη -κης necessity.
ἀναγνωρίζω : ἀνὰ up, γνωρίζω acquaint ; γνόω, ἀναγνωρίσω, ἀνεγνώρικα, ἀνεγνώρισμαι make known.
ἀνάγνωσις -σέως ; ἀναγιγνώσκω read. reading.
ἀνάγω : ἀνὰ up, ἄγω lead. ἀνάξω, ἀνῆχα, ἀνῆγμαι. ἀνήγαγον lead up.
ἀναδείκνυμι : ἀνὰ up, δείκνυμι ; δείκω show. ἀναδείξω, ἀναδέδειχα, ἀναδέδειγμαι show publicly, appoint publicly.
ἀνάδειξις -εως ; ἀναδείκνυμι. public appearance.
ἀναδέχομαι : ἀνὰ up, δέχομαι take, ἀναδέξομαι, ἀναδέδεγμαι receive.
ἀναδίδωμι : ἀνὰ up, δίδωμι give, ἀναδώσω, ἀναδέδωκα, ἀναδέδομαι deliver.

ἀναζάω : ἀνὰ back, ζάω live. ἀναζήσω, ἀνέζηκα revive.
ἀναζητέω : ἀνὰ back, ζητέω seek.· ἀναζητήσω, ἀνεζήτηκα, ἀνεζήτημαι seek that which has been lost.
ἀνάθεμα -τος ; ἀνατίθημι set up. devoted victim, curse.
ἀναθεματίζω ; ἀνάθεμα ; ἀνατίθημι. ἀναθεματίσω, ἠναθεμάτισμαι, ἠναθεμάτικα devote, bind by curse.
ἀναθεωρέω : ἀνὰ up, θεωρέω look, ἀναθεωρήσω, ἀνατεθεώρηκα, ἀνατεθεώρημαι, behold.
ἀνάθημα -ματος ; ἀνατίθημι set up : ἀνὰ up, τίθημι ; θέω place. ornament hung up in a temple.
ἀναίδεια -ας ; ἀναιδὴς shameless : ἀ not, αἰδὴς ; αἰδὼς modesty. shamelessness, importunity.
ἀναίρεσις -σέως ; ἀναιρέω destroy. destruction, death, execution.
ἀναιρέω : ἀνὰ up, αἱρέω take. ἀναιρήσω, ἀνῄρηκα, ἀνῄρημαι -ρεμαι, ἀνεῖλον ; ἀνέλω. take up, destroy.
ἀναίτιος -ον : ἀ not, αἴτιος deserving. not deserving, innocent.
ἀνακαθίζω : ἀνὰ up, καθίζω sit. ἀνακαθίσω sit up.
ἀνακάμπτω : ἀνὰ back, κάμπτω bend. ἀνακάμψω, ἀνακέκαμφα turn back.
ἀνάκειμαι : ἀνὰ up, κεῖμαι ; κέω lie. ἀνακείσομαι recline.
ἀνακλῖνω : ἀνὰ up,· κλίνω bend. ἀνακλινῶ, ἀνακέκλικα, ἀνακέκλιμαι make to recline.
ἀνακράζω : ἀνὰ up, κράζω cry. ἀνακράξω, ἀνακέκρᾱγα. ἀνέκραγον cry aloud.
ἀνακρῖνω : ἀνὰ up, κρίνω sift. ἀνακρινῶ, ἀνακέκρικα, ἀνακέκριμαι examine, question.
ἀνάκρισις -σεως ; ἀνακρίνω examine. examination.
ἀνακύπτω : ἀνὰ up, κύπτω bend. ἀνακύψω, ἀνακέκυφα raise up the body after stooping.
ἀναλαμβάνω : ἀνὰ up, λαμβάνω ; λήβω take. ἀναλήψομαι, ἀνείληφα, ἀνείλημμαι. ἀνέλαβον take up.
ἀνάληψις -εως ; ἀναλήβω take up. taking up.
ἀναλίσκω : ἀνὰ up, ἁλίσκω ; ἁλόω spend. ἀναλώσω, ἀνήλωκα, ἀνήλωμαι expend, destroy.

ἄναλος : ἀ not, ἁλὸς ; ἅλς salt. saltless, insipid.
ἀναλύω : ἀνὰ back, λύω loose. ἀναλύσω, ἀναλέλυκα, ἀναλέλυμαι unloose the cable, depart.
ἀναμάρτητος : ἀ not, ἁμαρτητὸς ; ἁμαρτέω err. not liable to err, without sin.
ἀναμιμνήσκω : ἀνὰ back, μιμνήσκω ; μνάω bring to recollection. ἀναμνήσω, ἀναμέμνηκα, ἀναμέμνημαι, ἀναμνησθήσομαι remind.
ἀνάμνησις -εως ; ἀναμνάω remind. refreshing one's memory.
Ἀνανίας -α Heb. m. Ananias. 1. The husband of Sapphira, struck dead for falsehood. 2. A Christian of Damascus. 3. A High Priest who presided at St. Paul's examination at Jerusalem.
ἀναντίρρητος -τον ; ἀντὶ against, ῥητὸς to be said ; ῥέω say. not to be gainsayed.
ἀναντιρρήτως ; ἀναντίρρητος. without gainsaying, without contradiction.
ἀνάπαυσις -εως ; ἀναπαύω cause to rest. remission of toil, resting-place.
ἀναπαύω : ἀνὰ back, παύω make to cease. ἀναπαύσω, ἀναπέπαυκα, ἀναπέπαυμαι make to rest from toil.
ἀναπείθω : ἀνὰ up, aside, πείθω persuade, ἀναπείσω, ἀναπέπεικα, ἀναπέπεισμαι excite or seduce by persuasion.
ἀναπέμπω : ἀνὰ back, πέμπω send. ἀναπέμψω, ἀναπέπομφα, ἀναπέπεμμαι send back.
ἀνάπηρος -ρον : ἀνὰ back, πηρὸς maimed. crippled.
ἀναπίπτω : ἀνὰ up, πίπτω fall. ἀναπεσοῦμαι, ἀνέπεσον ; ἀναπεσέω. recline.
ἀναπληρόω : ἀνὰ up, πληρόω ; πληρὴς full. ἀναπληρώσω, ἀναπεπλήρωκα, ἀναπεπλήρωμαι fulfil.
ἀναπτύσσω : ἀνὰ back, πτύσσω ; πτὺξ fold. ἀναπτύξω, ἀναπέπτυχα, ἀναπέπτυγμαι unfold.
ἀνάπτω : ἀνὰ up, ἅπτω kindle. ἀνάψω, ἀνῆφα, ἀνῆμμαι light up.

B

ἀνασείω : ἀνὰ up, σείω shake. ἀνασείσω, ἀνασέσεικα, ἀνασέσεισμαι stir up.

ἀνασκευάζω : ἀνὰ up, σκευάζω ; σκεῦος vessel, (σκεύη furniture) remove furniture, unsettle.

ἀνασπάω : ἀνὰ back, σπάω draw. ἀνασπάσω, ἀνέσπακα, ἀνέσπασμαι draw up.

ἀνάστασις -εως ; ἀνίστημι raise up. resurrection.

ἀναστατόω ; ἀνάστατος expelled ; ἀνίστημι raise, remove. throw into confusion, excite to rebellion.

ἀναστενάζω : ἀνὰ up, στενάζω groan. ἀναστενάξω, ἀνεστέναχα groan out.

ἀναστρέφω : ἀνὰ back, στρέφω turn. ἀναστρέψω, ἀνέστροφα, ἀνέστραμμαι. ἀνέστραφον turn back.

ἀνατάσσω : ἀνὰ up, τάσσω order. ἀνατάξω, ἀνατέταχα, ἀνατέταγμαι, ἀνέταγον set forth in order.

ἀνατέλλω : ἀνὰ up, τέλλω (obsol.), ἀνατελῶ, ἀνατέταλκα, ἀνατέτολα rise intrans. make to rise trans.

ἀνατίθημι : ἀνὰ up, τίθημι ; θέω place, set up, mid. refer, communicate.

ἀνατολὴ -ῆς ; ἀνατέλλω rise, rising of the Sun, East.

ἀνατρέφω : ἀνὰ up, τρέφω nourish. ἀναθρέψω, ἀνατέτροφα, ἀνατέθραμμαι 2 aor. pass. ἀνετράφην bring up.

ἀναφαίνω : ἀνὰ up, φαίνω show. ἀναφανῶ, ἀναπέφαγκα, ἀναπέφαμμαι. ἀνέφανον display.

ἀναφέρω : ἀνὰ up, φέρω bear. ἀνοίσω ; ἀνοίω, ἀνήνεγκα ; ἀνενέγκω bear up.

ἀναφωνέω : ἀνὰ up, φωνέω : φωνὴ voice. ἀναφωνήσω, ἀναπεφώνηκα cry aloud.

ἀναχωρέω : ἀνὰ back, χωρέω go. ἀναχωρήσω, ἀνακεχώρηκα go back.

ἀνάψυξις -εως ; ἀναψύχω cool. refreshing.

Ἀνδρέας -ου Andrew, one of the Twelve, brother of Peter.

ἀνέκλειπτος -τον : ἀ not, ἐκλειπτὸς ; ἐκλείπω fail. unfailing.

ἀνεκτὸς -τὸν ; ἀνέχω endure. tolerable.

ἄνεμος -ου wind.

ἀνένδεκτος -τον : ἀ not, ἐνδεκτὸς ; ἐνδέχcμαι admit of. impracticable.
ἀνέρχομαι : ἀνὰ up, ἔρχομαι go. ἀνελεύσομαι, ἀνελήλυθα. ἀνῆλθον ; ἀνελεύθω. ascend.
ἄνεσις -σεως ; ἀνίημι let go. relaxation, liberty.
ἀνετάζω : ἀνὰ up, ἐτάζω question. ἀνετάσω. put to the torture, examine.
ἄνευ Prep. gen. without.
ἀνεύθετος -ον : ἀ not, εὔθετος well-placed. ill-situated.
ἀνευρίσκω : ἀνὰ up, εὑρίσκω find, ἀνευρήσω, ἀνεύρηκα, ἀνεύρημαι -ρεμαι. ἀνεῦρον ; ἀνευρέω. find out.
ἀνέχω : ἀνὰ up, ἔχω hold. ἀνέξω. endure.
ἄνηθον -θου anise.
ἀνὴρ, ἀνδρὸς Man, husband.
ἀνθίστημι : ἀντὶ against, ἵστημι ; στάω place. ἀντιστήσω tr. ἀνθέστηκα, ἀντέστην intr. set against tr. oppose intr.
ἀνθομολογέω : ἀντὶ against, ὁμολογέω confess. ἀνθομολογήσω, ἀνθωμολόγηκα, ἀνθωμολόγημαι answer to, confess.
ἀνθρακιὰ -ᾶς ; ἄνθραξ coal. a fire of coals.
ἀνθρωποκτόνος -ον : ἄνθρωπος man, κτόνος ; κτείνω slay. murderer.
ἄνθρωπος -που human being, man.
ἀνθυπατεύω ; ἀνθύπατος proconsul. ἀνθυπατεύσω. am proconsul.
ἀνθύπατος -ου : ἀντὶ instead of, ὕπατος highest. deputy, proconsul.
ἀνίημι : ἀνὰ up, ἵημι send, ἀνήσω, ἀνεῖκα, ἀνεῖμαι, 2 aor. ἀνῆν. let go, relax.
ἄνιπτος -τον : ἀ not, νιπτὸς ; νίπτω wash. unwashed.
ἀνίστημι : ἀνὰ up, ἵστημι ; στάω place. ἀναστήσω tr. ἀνέστηκα, ἀνέστην intr. raise up tr. rise up intr.
Ἄννα -νης Anna, a Jewess who had the gift of prophecy.
Ἄννας -να Annas, a High-Priest of the Jews, dispossessed of his office, which was given to Caiaphas his son-in-law.

ἀνόητος -τον : ἀ not, νοητός ; νοέω understand. void of understanding.
ἄνοια : ἀ not, νοια ; νοῦς understanding. want of understanding, madness.
ἀνοίγω : ἀνὰ up, οἴγω open. ἀνοίξω, ἀνέῳχα, ἀνέῳγμαι open. ἤνοιξα or ἀνέῳξα. ἀνοιχθήσομαι. ἀνεῴχθην.
ἀνοικοδομέω : ἀνὰ up, οἰκοδομέω build. ἀνοικοδομήσω, ἀνῳκοδόμηκα, ἀνῳκοδόμημαι build up, rebuild.
ἀνομία, -ας ; ἄνομος breaker of a law. iniquity.
ἄνομος -ον : ἀ not, νόμος law. without law, breaker of law.
ἀνορθόω : ἀνὰ up, ὀρθόω ; ὀρθὸς erect. ἀνορθώσω, ἀνώρθωκα, ἀνώρθωμαι set upright.
ἀντάλλαγμα -ματος ; ἀνταλλάσσω exchange. price of exchange.
ἀνταποδίδωμι : ἀντὶ in turn, ἀπὸ back, δίδωμι ; δόω give. ἀνταποδώσω, ἀνταποδέδωκα, ἀνταποδέδομαι repay.
ἀνταπόδομα -ματος ; ἀνταποδίδωμι repay. repayment.
ἀνταποκρίνομαι : ἀντὶ in turn, ἀπὸ back, κρίνω separate. ἀνταποκρινοῦμαι answer in turn.
ἀντέπω : ἀντὶ in turn, ἔπω say. ἀντεῖπον gainsay.
ἀντέχω : ἀντὶ against, ἔχω hold. ἀνθέξω hold against, mid. hold firmly to.
ἀντὶ Pr. gen. for, instead of, comp. against, in turn.
ἀντιβάλλω : ἀντὶ in turn, βάλλω cast. ἀντιβλήσω, ἀντιβέβληκα, ἀντιβέβλημαι cast in turn.
ἀντίδικος -ου : ἀντὶ against, δίκη law-suit. opponent.
ἀντικαλέω : ἀντὶ in turn, καλέω call. ἀντικαλέσω, ἀντικέκληκα, ἀντικέκλημαι invite in turn.
ἀντίκειμαι : ἀντὶ against, κεῖμαι lie. ἀντικείσομαι oppose.
ἀντικρὺ ; ἀντὶ against. over against, opposite.
ἀντιλαμβάνω : ἀντὶ in turn, λαμβάνω ; λήβω seize. ἀντιλήψομαι, ἀντείληφα, ἀντείλημμαι lay hold of.
ἀντιλέγω : ἀντὶ against, λέγω speak. ἀντιλέξω, ἀντιλέλογα, ἀντιλέλεγμαι speak against.

ἀντιμετρέω : ἀντὶ *against*, μετρέω *measure*. ἀντιμετρήσω, ἀντιμεμέτρηκα, ἀντιμεμέτρημαι measure back.

'Αντιόχεια -ας ; 'Αντίοχος *Antiochus*. Antioch. 1. A city of Syria on the river Orontes where the name Christian was first given to the disciples of Christ. 2. A city of Pisidia.

'Αντιοχεὺς -έος ; 'Αντιόχεια of Antioch.

ἀντιπαρέρχομαι : ἀντὶ *against*, παρὰ *by*, ἔρχομαι, ἐλεύθω *come*. ἀντιπαρελεύσομαι, ἀντιπαρελήλυθα pass by on the other side.

'Αντιπατρὶς -ίδος ; 'Αντίπατρος *Antipater*. Antipatris, a city of Palestine between Joppa and Cæsarea, built by Herod the Great, and named after his father Antipater.

ἀντιπέραν : ἀντὶ *against*, πέραν *beyond*. over against.

ἀντιπίπτω : ἀντὶ *against*, πίπτω *fall*, ἀντιπεσοῦμαι, ἀντιπέπτωκα oppose.

ἀντιτάσσω : ἀντὶ *against*, τάσσω *order*, ἀντιτάξω, ἀντιτέταχα, ἀντιτέταγμαι oppose, mid. resist.

ἀντλέω ; ἄντλος *hold of a ship*. ἀντλήσω, ἤντληκα, ἤντλημαι draw out.

ἄντλημα -ματος ; ἀντλέω. instrument to draw water.

ἀντοφθαλμέω : ἀντὶ *against*, ὀφθαλμέω ; ὀφθαλμὸς *eye*, ἀντοφθαλμήσω, ἀντωφθάλμηκα, ἀντωφθάλμημαι. look in the face.

ἄνυδρος -ον : ἀ *not*, ὕδωρ *water*. dry.

ἄνω *Adv.* above, upward.

ἀνώγεον -ου : ἄνω *above*, γεον ; γῆ *earth*. upper chamber.

ἄνωθεν ; ἄνω *above*. from above.

ἀνωτερικὸς ; ἀνώτερος *higher*. upper.

ἀνώτερος -α -ον ; ἄνω *above*. higher.

ἀξίνη -ης axe.

ἄξιος -α -ον deserving.

ἀξιόω ; ἄξιος. ἀξιώσω, ἠξίωκα, ἠξίωμαι think worthy.

ἀπαγγέλλω : ἀπὸ *from*, ἀγγέλλω *tell*. ἀπαγγελῶ, ἀπήγγελκα, ἀπήγγελμαι report.

ἀπάγχω : ἀπὸ from, ἄγχω suffocate. ἀπάγξω, ἀπῆγχα destroy by strangulation.
ἀπάγω : ἀπὸ from, ἄγω lead. ἀπάξω, ἀπῆχα, ἀπῆγμαι lead away.
ἀπαίρω : ἀπὸ from, αἴρω raise. ἀπαρῶ, ἀπῆρκα, ἀπῆρμαι take away.
ἀπαιτέω : ἀπὸ from, αἰτέω ask. ἀπαιτήσω, ἀπῄτηκα, ἀπῄτημαι demand back.
ἀπαλλάσσω : ἀπὸ from, ἀλλάσσω change. ἀπαλλάξω, ἀπήλλαχα, ἀπήλλαγμαι get rid of.
ἀπαλὸς -ὴ -ὸν soft.
ἀπαντάω : ἀπὸ from, ἀντάω meet. ἀπαντήσω, ἀπήντηκα meet.
ἀπάντησις -σεως ; ἀπαντάω meet. meeting.
ἀπαρνέομαι : ἀπὸ from, ἀρνέομαι deny. ἀπαρνήσομαι, ἀπήρνημαι deny, renounce.
ἀπαρτισμὸς -μοῦ ; ἀπαρτίζω perfect. completing.
ἅπας -ασα -αν, -αντος all.
ἀπάτη -ης deceit.
ἀπειθέω ; ἀπειθὴς unbelieving. ἀπειθήσω, ἠπείθηκα disbelieve, obey.
ἀπειθὴς -ὲς : ἀ not, πειθὴς ; πείθω persuade. unbelieving.
ἀπειλέω ; ἀπειλὴ threat, ἀπειλήσω, ἠπείληκα, ἠπείλημαι. threaten.
ἀπειλὴ -ῆς threat.
ἄπειμι : ἀπὸ from, εἶμι will go. 2 aor. ἀπῆν. depart.
ἀπελαύνω : ἀπὸ from, ἐλαύνω ; ἐλάω drive, ἀπελάσω, ἀπελήλακα, ἀπελήλαμαι drive away.
ἀπελεγμὸς μοῦ ; ἀπελέγχω confute. confutation, contempt.
ἀπελπίζω : ἀπὸ from, ἐλπίζω hope, ἀπελπίσω, ἀπήλπικα, ἀπήλπισμαι hope to receive in return.
ἀπέναντι Adv. gen. ; ἀπὸ from, ἐν in, ἀντὶ against. over against.
ἀπενέγκω : ἀπὸ from, ἐνέγκω bear. bear off, 1 aor. ἀπήνεγκα, ἀπενεχθήσομαι.

ἀπερίτμητος -ον : ἀ not, περιτμητὸς circumcised ; περιτέμνω circumcise. uncircumcised.

ἀπέρχομαι : ἀπὸ from, ἔρχομαι go. depart. ἀπελεύσομαι, ἀπελήλυθα ; ἀπελεύθω.

ἀπέχω : ἀπὸ from, ἔχω have. ἀφέξω receive all that is due tr. am distant intr. ἀπέχει translated Mark xiv. 41. it is enough. the purport for which I was sent is receiving its full completion.

ἀπιστέω ; ἄπιστος faithless. ἀπιστήσω, ἠπίστηκα disbelieve.

ἀπιστία -ας ; ἄπιστος faithless. unbelief.

ἄπιστος -τον : ἀ not, πιστὸς ; πείθω persuade. unbelieving, faithless.

ἀπλόος -όη -όον, ἁπλοῦς -ῆ -οῦν simple, single.

ἀπὸ Pr. gen. from, after.

ἀποβαίνω : ἀπὸ from, βαίνω ; βάω go. ἀποβήσομαι, ἀποβέβηκα step from, happen.

ἀποβάλλω : ἀπὸ from, βάλλω cast. ἀποβλήσω, ἀποβέβληκα, ἀποβέβλημαι cast off.

ἀποβολὴ -ῆς ; ἀποβάλλω cast off. rejection, loss.

ἀπογραφὴ -ῆς ; ἀπογράφω enrol. enrolment.

ἀπογράφω : ἀπὸ from, γράφω write. ἀπογράψω, ἀπογέγραφα, ἀπογέγραμμαι describe, enrol, tax.

ἀποδείκνυμι : ἀπὸ from, δείκνυμι show. ἀποδείξω, ἀποδέδειχα, ἀποδέδειγμαι demonstrate, show.

ἀποδεκατόω : ἀπὸ from, δεκατόω ; δέκατος tenth. ἀποδεκατώσω, ἀποδεδεκάτωκα, ἀποδεδεκάτωμαι pay tithe.

ἀποδέχομαι : ἀπὸ from, δέχομαι receive. ἀποδέξομαι, ἀποδέδεγμαι receive.

ἀποδημέω : ἀπὸ from, δημέω ; δῆμος people. ἀποδημήσω, ἀποδεδήμηκα go abroad.

ἀπόδημος -μον : ἀπὸ from, δῆμος people. living abroad.

ἀποδίδωμι : ἀπὸ from, δίδωμι ; δόω give. ἀποδώσω, ἀποδέδωκα, ἀποδέδομαι give back, repay.

ἀποδοκιμάζω : ἀπὸ from, δοκιμάζω prove. ἀποδοκιμάσω, ἀποδεδοκίμακα, ἀποδεδοκίμασμαι reject.

ἀποθήκη -κης ; ἀποτίθημι *place away*. store-room.
ἀποθλίβω : ἀπὸ *from*, θλίβω *press*. ἀποθλίψω, ἀποτέθλιφα, ἀποτέθλιμμαι press on all sides.
ἀποθνήσκω : ἀπὸ *from*, θνήσκω ; θανέω *die*. ἀποθανοῦμαι, ἀποτέθνηκα die.
ἀποκαθίστημι : ἀπὸ *from*, κατὰ *down*, ἵστημι *place*. ἀποκαταστήσω, ἀποκαθέστηκα set right again.
ἀποκαλύπτω : ἀπὸ *from*, καλύπτω *cover*. ἀποκαλύψω, ἀποκεκάλυφα, ἀποκεκάλυμμαι uncover, reveal.
ἀποκάλυψις -εως ; ἀποκαλύπτω *reveal*. revelation.
ἀποκατάστασις -σεως ; ἀποκαθίστημι *re-establish*. re-establishment, restitution.
ἀπόκειμαι : ἀπὸ *from*, κεῖμαι *lie*. ἀποκείσομαι am laid by.
ἀποκεφαλίζω : ἀπὸ *off*, κεφαλίζω ; κεφαλὴ *head*. ἀποκεφαλίσω, ἀποκεκεφάλικα, ἀποκεκεφάλισμαι behead.
ἀποκλείω : ἀπὸ *from*, κλείω *shut*. ἀποκλείσω, ἀποκέκλεικα, ἀποκέκλεισμαι shut.
ἀποκόπτω : ἀπὸ *from*, κόπτω *cut*. ἀποκόψω, ἀποκέκοφα, ἀποκέκομμαι cut off.
ἀποκρίνω : ἀπὸ *from*, κρίνω *separate*. ἀποκρινῶ, ἀποκέκρικα, ἀποκέκριμαι separate from, mid. answer.
ἀπόκρισις -εως ; ἀποκρίνομαι *answer*. answer.
ἀποκρύπτω : ἀπὸ *from*, κρύπτω *hide*. ἀποκρύψω, ἀποκέκρυφα, ἀποκέκρυμμαι conceal.
ἀπόκρυφος -ον ; ἀποκρύπτω *conceal*. concealed.
ἀποκτείνω : ἀπὸ *from*, κτείνω *kill*. ἀποκτενῶ, slay. ἀπέκτακα, ἀπέκταμαι ; ἀποκτάω.
ἀποκυλίω : ἀπὸ *from*, κυλίω *roll*. ἀποκυλίσω, ἀποκεκύλικα, ἀποκεκύλισμαι roll away.
ἀπολαμβάνω : ἀπὸ *from*, λαμβάνω ; λήβω *take*. ἀπολήψομαι, ἀπείληφα, ἀπείλημμαι take from, receive.
ἀπολείχω : ἀπὸ *from*, λείχω *lick*. ἀπολείξω lick.
ἀπόλλυμι : ἀπὸ *from*, ὄλλυμι *destroy*. ἀπολέσω, ἀπολώλεκα, ἀπώλεμαι ; ἀπολέω. lose, destroy.
Ἀπολλωνία -ας ; Ἀπόλλων *Apollo*. Apollonia, a city of Macedonia.

Απολλώς -ώ *Heb.* Apollos, a Jew of Alexandria, instructed in Christianity by Aquila and Priscilla.

απολογέομαι : από *from,* λογέομαι ; λόγος *speech.* απολογήσομαι, απολελόγημαι defend myself.

απολογία *-as* ; απολογέομαι *defend oneself.* apology, defence.

απολούω : από *from,* λούω *wash.* απολούσω, απολέλουκα, απολέλουμαι wash off.

απολύτρωσις *-σεως* ; απολυτρόω *redeem* : από *from,* λυτρόω ; λύτρον *ransom* ; λύω *loose.* redemption.

απολύω : από *from,* λύω *loose.* απολύσω, απολέλυκα, απολέλυμαι loose from, set free.

απομάσσω : από *from,* μάσσω *wipe.* απομάξω, απομέμαχα, απομέμαγμαι wipe off.

απονίπτω : από *from,* νίπτω *wash the hand or foot.* απονίψω, απονένιφα, απονένιμμαι wash off.

αποπίπτω : από *from,* πίπτω, πεσέω *fall,* αποπεσούμαι, 2 aor. απέπεσον fall from.

αποπλανάω : από *from,* πλανάω *make to err.* αποπλανήσω, αποπεπλάνηκα, αποπεπλάνημαι seduce.

αποπλέω : από *from,* πλέω *sail.* αποπλεύσω, αποπέπλευκα sail away.

αποπλύνω : από *from,* πλύνω *wash a garment or vessel.* αποπλυνώ, αποπέπλυγκα, αποπέπλυμμαι wash clean.

αποπνίγω : από *from,* πνίγω *choke.* αποπνίξω, αποπέπνιχα, αποπέπνιγμαι choke.

απορέω ; άπορος *distressed* : α *not,* πόρος *means.* απορήσω, ηπόρηκα am perplexed.

απορία *-as* ; άπορος *distressed.* perplexity.

απορρίπτω : από *from,* ρίπτω *cast,* απορρίψω, απέρριφα, απέρριμμαι cast off.

αποσκευάζω : από *from,* σκευάζω ; σκεύος *vessel,* αποσκευάσω, απεσκεύακα, απεσκεύασμαι carry away furniture, prepare for departure.

αποσπάω : από *from,* σπάω *draw.* αποσπάσω, απέσπακα, απέσπασμαι draw out.

ἀποστασία -ας ; ἀποστάτης ; ἀφίστημι separate. separation, defection.

ἀποστάσιον -ου ; ἀποστάτης ; ἀφίστημι separate. divorce.

ἀποστεγάζω : ἀπὸ from, στεγάζω ; στέγη roof. ἀποστεγάσω, ἀπεστέγακα, ἀπεστέγασμαι unroof.

ἀποστέλλω : ἀπὸ from, στέλλω send. ἀποστελῶ, ἀπέσταλκα, ἀπέσταλμαι send from.

ἀποστερέω : ἀπὸ from, στερέω deprive. ἀποστερήσω, ἀπεστέρηκα, ἀπεστέρημαι deprive.

ἀποστολὴ -ῆς ; ἀποστέλλω send from. mission, apostleship.

ἀπόστολος -ου ; ἀποστέλλω send from. apostle.

ἀποστοματίζω : ἀπὸ from, στοματίζω ; στόμα mouth. ἀποστοματίσω, ἀπεστομάτικα, ἀπεστομάτισμαι deliver from mouth, set to speak.

ἀποστρέφω : ἀπὸ from, στρέφω turn. ἀποστρέψω, ἀπέστροφα, ἀπέστραμμαι turn away.

ἀποσυνάγωγος -γον : ἀπὸ from, συναγωγὴ synagogue. put out of the synagogue.

ἀποτάσσω : ἀπὸ from, τάσσω range. ἀποτάξω, ἀποτέταχα, ἀποτέταγμαι range apart, mid. take leave of.

ἀποτίθημι : ἀπὸ from, τίθημι place. ἀποθήσω, ἀποτέθεικα, ἀποτέθεμαι lay aside.

ἀποτινάσσω : ἀπὸ from, τινάσσω shake. ἀποτινάξω, ἀποτετίναχα, ἀποτετίναγμαι shake off.

ἀποφέρω : ἀπὸ from, φέρω bear. bear off.

ἀποφθέγγομαι : ἀπὸ from, φθέγγομαι speak. ἀποφθέγξομαι speak out.

ἀποφορτίζομαι : ἀπὸ from, φορτίζομαι ; φόρτος freight. ἀποφορτίσομαι, ἀποπεφόρτισμαι discharge freight.

ἀποχωρέω : ἀπὸ from, χωρέω go. ἀποχωρήσω, ἀποκεχώρηκα depart.

ἀποχωρίζω : ἀπὸ from, χωρίζω separate ; χώρα region. ἀποχωρίσω, ἀποκεχώρικα, ἀποκεχώρισμαι separate.

ἀποψύχω : ἀπὸ from, ψύχω breathe on. ἀποψύξω, ἀπέψυχα, ἀπέψυγμαι deprive of breath tr. faint intr.

Ἄππιος -ου. Appius Claudius Cæcus, a Roman censor, under whose direction the Appian road from Rome to Capua was constructed.

ἀπρόσκοπος : ἀ not, πρόσκοπος ; προσκόπτω stumble. without stumbling, void of offence.

ἅπτω, ἅψω, ἧφα, ἧμμαι fasten, kindle, mid. touch.

ἀπωθέω, ἀπώθω : ἀπὸ from, ὠθέω, ὤθω thrust, ἀπωθήσω, ἀπώσω, ἀπώθηκα, ἀπῶκα, ἀπώθημαι, ἀπῶσμαι thrust away, reject.

ἀπώλεια -ας ; ἀπωλὴς ; ἀπόλλυμι destroy. destruction.

ἄρα therefore. ἆρα interrogat.

Ἀράμ m. Heb. und. Aram, an Israelite of the tribe of Judah.

Ἄραψ -αβος Arabian.

ἀργὸς or ἀεργὸς -ὴ -ὸν : ἀ not, ἔργον work. idle.

ἀργύριος -α -ον ; ἄργυρος silver. of silver. ἀργύριον used without Subst. νόμισμα silver piece of money.

ἀργυροκόπος -ου : ἄργυρος silver, κόπος ; κόπτω cut. worker in silver.

ἀργυροῦς -ῆ -οῦν ; ἄργυρος silver. of silver.

Ἄρειος -α -ον ; Ἄρης Mars, of Mars. Ἄρειοι-πάγος Mars-hill, Areopagus.

Ἀρεοπαγίτης -ου ; Ἄρειος-πάγος. of Areopagus, Areopagite.

ἀρέσκω ; ἀρέω. ἀρέσω, ἤρεκα please.

ἀρεστὸς -τὴ -τὸν ; ἀρέσκω. pleasing.

ἀριθμέω ; ἀριθμὸς. ἀριθμήσω, ἠρίθμηκα, ἠρίθμημαι number.

ἀριθμὸς -μοῦ number.

Ἀριμαθαία -ας Arimathæa, a city of the Jews.

Ἀρίσταρχος -ου Aristarchus, a Christian of Thessalonica, companion of St. Paul.

ἀριστάω ; ἄριστον. ἀριστήσω, ἠρίστηκα breakfast.

ἀριστερὸς -ρὰ -ρὸν left.

ἄριστον -του breakfast, feast.

ἀρκετὸς -ὴ -ὸν ; ἀρκέω satisfy. sufficient.

ἀρκέω, ἀρκέσω, ἤρκεκα satisfy, assist.

ἅρμα -ματος ; αἴρω raise. chariot.
ἀρνέομαι, ἀρνήσομαι, ἤρνημαι deny.
ἀρνίον -ου dim. ; ὖρs lamb. little lamb.
ἀροτριάω ; ἄροτρον. ἀροτριάσω, ἠροτρίακα, ἠροτρίαμαι plough.
ἄροτρον -ου ; ἀρόω plough. plough.
ἁρπαγὴ -ῆs ; ἁρπάζω seize. rapine.
ἁρπάζω, ἁρπάσω, ἥρπακα, ἥρπασμαι, or ἁρπάξω, ἥρπαχα, ἥρπαγμαι seize.
ἅρπαξ -παγος ravenous.
ἄρραφος -ον : ἀ not, ῥάφος ; ῥάπτω sew. unsewed.
ἄρρωστος -ον : ἀ not, ῥωστὸς ; ῥόω strengthen. infirm.
ἄρs, ἀρνὸs m. lamb.
ἄρσην -σεν, -σενος male.
Ἄρτεμις -ιδος, & ιος Artemis, Lat. Diana.
ἀρτέμων -ονος ; ἀρτάω suspend. mainsail.
ἄρτι Adv. now.
ἄρτος -του bread.
ἀρτύω, ἀρτύσω, ἤρτυκα, ἤρτυμαι season.
Ἀρφαξὰδ m. Heb. und. Arphaxad, son of Shem.
ἀρχαῖος -α -ον ; ἀρχὴ beginning. of old.
Ἀρχέλαος -ου : ἄρχω command, λαὸς people. Archelaus, son of Herod, King of Judæa.
ἀρχὴ -χῆς beginning, command.
ἀρχηγὸς -γοῦ : ἀρχὴ command, ἀγὸς ; ἄγω lead. leader, prince.
ἀρχιερατικὸς -ὸν ; ἀρχιερεὺς High-Priest. of the High-Priest.
ἀρχιερεὺς -έος : ἄρχω command, ἱερεὺς priest ; ἱερὸς sacred. High-Priest.
ἀρχισυνάγωγος -γου ; ἄρχω command, συναγωγὴ synagogue. ruler of a synagogue.
ἀρχιτελώνης -νου ; ἄρχω command, τελώνης : τέλος tribute, ὤνης ; ὠνέομαι buy, farm. Chief of tax collectors or publicans.
ἀρχιτρίκλινος -ου : ἄρχω command, τρεῖς three, κλινὴ

couch. master of the feast *at which couches were set, each adapted to hold three persons.*
ἄρχω, ἄρξω, ἦρχα, ἦργμαι command *mid.* begin.
ἄρχων -χοντος ; ἄρχω command. ruler.
ἄρωμα -ματος spice.
Ἀσὰ m. *Heb. und.* Asa, 3rd king of Juda, son of Abijah
ἀσάλευτος -ον : ἀ *not*, σαλευτὸς ; σαλεύω *shake* ; σάλο. *sea*. immoveable.
ἄσβεστος -τον : ἀ *not*, σβεστὸς ; σβέω *extinguish*. unquenchable.
ἀσέλγεια -ας ; ἀσελγὴς *unclean*. uncleanness.
ἄσημος -ον : ἀ *not*, σημος ; σῆμα *mark*. insignificant, mean.
Ἀσὴρ m. *Heb. und.* Aser, the eighth son of Jacob.
ἀσθένεια -ας ; ἀσθενὴς *infirm*. infirmity.
ἀσθενέω ; ἀσθενὴς. ἀσθενήσω, ἠσθένηκα am infirm, sick.
ἀσθενὴς : ἀ *not*, σθενὴς ; σθένος *strength*. infirm, weak.
Ἀσία -ας *Heb.* 1. Asia. 2. Asia Minor. 3. Proconsul Asia or Ionia.
Ἀσιανὸς -οῦ ; Ἀσία. of Asia (Proconsular).
Ἀσιάρχης : Ἀσία, αρχης ; ἄρχω *rule*. ruler of Asia, Asiarch.
ἀσιτία -ας ; ἄσιτος without food : ἀ *not*, σῖτος *food*. want of food.
ἄσιτος -ον : ἀ *not*, σῖτος *food*. without food.
ἀσκέω, ἀσκήσω, ἤσκηκα, ἤσκημαι exercise.
ἀσκὸς -κοῦ bladder, skin *used to contain liquors*.
ἀσμένως ; ἀνδάνω, ἥδω *please*. with pleasure.
ἀσπάζομαι, ἀσπάσομαι, ἤσπασμαι salute.
ἀσπασμὸς -μοῦ ; ἀσπάζομαι *salute*. salutation.
ἀσσάριον -ου ; as, *a Roman coin worth 3 farthings* $\frac{1}{10}$. *used Subst. without* νόμισμα penny.
ἆσσον ; ἐγγὺς *near*. nearer.
Ἄσσος -ου f. Assus, a town of Mysia.
ἀστεῖος -ον ; ἄστυ *city*. civilized, handsome, *Lat. urbanus*.

ἀστήρ -τέρος m. star.
ἀστραπή -ῆς ; ἀστράπτω lighten. lightning.
ἀστράπτω, ἀστράψω, ἤστραφα lighten.
ἄστρον -ρου ; ἀστήρ star. constellation.
ἀσύμφωνος -ον : ἀ not, σύμφωνος agreeing : σὺν with, φωνος ; φωνή voice. disagreeing.
ἀσύνετος -ον : ἀ not, συνετὸς ; συνίεμαι understand. without understanding.
ἀσφάλεια -ας ; ἀσφαλὴς secure. security, certainty.
ἀσφαλής : ἀ not, σφαλής ; σφάλλω trip up. secure, safe.
ἀσφαλίζω ; ἀσφαλής. ἀσφαλίσω, ἠσφάλικα, ἠσφάλισμαι make secure.
ἀσφαλῶς ; ἀσφαλὴς secure. securely.
ἀσώτως ; ἄσωτος prodigal. with prodigality.
ἄτεκνος -νον : ἀ not, τέκνον child. childless.
ἀτενίζω ; ἀτενὴς intent. ἀτενίσω, ἠτένικα look intently.
ἄτερ Pr. gen. without.
ἀτῑμάζω ; ἄτῑμος dishonoured. ἀτιμάσω, ἠτίμακα, ἠτίμασμαι treat with dishonor.
ἄτῑμος -μον : ἀ not, τιμή ; τίω honor. dishonored.
ἀτῑμόω ; ἄτῑμος dishonored. ἀτιμώσω, ἠτίμωκα, ἠτίμωμαι treat with dishonor, render infamous.
ἀτμὶς -ίδος f. ; ἄω breathe. vapor.
ἄτοπος -ον : ἀ not, τόπος place. improper, out of place.
Ἀττάλεια -ας ; Ἄτταλος Attalus. Attalia, a city of Pamphylia.
αὐγή -ῆς ; αὔω shine. brightness, dawn.
Αὔγουστος -ου Lat. Augustus.
αὐλέω ; αὐλὸς. αὐλήσω, ηὔληκα, ηὔλημαι play on a pipe.
αὐλή -λῆς hall, court.
αὐλητὴς -τοῦ ; αὐλέω. piper.
αὐλίζομαι ; αὐλή. αὐλίσομαι, ηὔλισμαι abide.
αὐλὸς -λοῦ pipe.
αὐξάνω, αὐξέω. αὐξήσω, ηὔξηκα, ηὔξημαι increase.
αὔριον Adv. to-morrow.
αὐστηρὸς -ρὸν ; αὔω dry. austere.

αὐτόματος -ον : αὐτὸς, ματὸς ; μάω *will*. self-acting.
αὐτόπτης -ου : αὐτὸς, ὅπτης ; ὄπτομαι *see*. eye-witness.
αὐτὸς -τὴ -τὸ self, very, he. ὁ αὐτὸς same. αὐτοῦ i. e. τόπου there.
αὐτόχειρ -ρος : αὐτὸς, χείρ with my own hand.
ἀφαιρέω : ἀπὸ *from*, αἱρέω *take*. ἀφαιρήσω, ἀφῄρηκα, ἀφῄρεμαι take away. a. 2. ἀφεῖλον ; ἀφέλω.
ἀφανίζω ; ἀφανὴς : ἀ *not*, φανὴς ; φαίνω *show*. ἀφανίσω, ἠφάνικα, ἠφάνισμαι make unseen, make unseemly.
ἄφαντος -τον : ἀ *not*, φαντὸς ; φαίνω *show*. out of sight.
ἀφεδρὼν -ῶνος : ἀπὸ *from*, ἑδρὼν ; ἕδρα *seat*. the draught for excrement.
ἀφελότης -ότητος ; ἀφελὴς *single* ; ἀφέλω. singleness.
ἄφεσις -εως ; ἀφίημι *remit*. remission.
ἀφίημι, ἀφιέω : ἀπὸ *from*, ἵημι ; ἕω *send*. ἀφήσω, ἀφεῖκα, ἀφεῖμαι remit, send away, leave, let go.
ἄφιξις -εως ; ἀφικνέομαι *arrive*. 1. arrival. 2. departure.
ἀφίστημι, ἀφιστάω : ἀπὸ *from*, ἵστημι *place*. ἀποστήσω, ἀφέστηκα, ἀφέσταμαι set apart. *tr*. stand apart *intr*.
ἄφνω ; ἀφανὴς *unseen* : ἀ *not*, φαίνω *show*. immediately.
ἀφόβως ; ἄφοβος *fearless* : ἀ *not*, φόβος *fear*. without fear.
ἀφορίζω : ἀπὸ *from*, ὁρίζω ; ὅρος *boundary*. ἀφορίσω, ἀφώρικα, ἀφώρισμαι separate.
ἀφρίζω ; ἀφρὸς *foam*. ἀφρίσω, ἤφρικα foam.
ἀφρὸς -οῦ foam.
ἀφροσύνη -ης ; ἄφρων. folly.
ἄφρων -ον : ἀ *not*, φρων ; φρὴν *mind*. foolish.
ἀφυπνόω : ἀπὸ *from*, ὑπνόω ; ὕπνος *sleep*. ἀφυπνώσω, ἀφύπνωκα fall asleep.
ἄφωνος -ον : ἀ *not*, φωνος ; φωνὴ *voice*. speechless.
'Αχὰζ m. *Heb. und*. Ahaz, 11th king of Juda, son of Jotham, father of Hezekiah.
'Αχαΐα -ας Achaia. 1. a district at the north of Peloponnesus. 2. The name given to the Roman Proconsular province, which included all Greece.

ἀχάριστος -τον : ἀ not, χαριστὸς ; χαρίζομαι oblige. ungrateful.

Ἀχεὶμ m. Heb. und. Achim, a descendant of David.

ἀχειροποίητος -τον : ἀ not, χεὶρ hand, ποιητὸς ; ποιέω make. not made with hands.

ἀχλὺς -υος f. mist, dimness.

ἀχρεῖος -ον : ἀ not, χρεία need. of no profit.

ἄχρι, ἄχρις Pr. gen. until.

ἄχυρον -ου straw.

B.

Βαβυλὼν -ῶνος f. Heb. confusion. Babylon, the chief city of Assyria.

βάθος -εος ; βαθὺς deep. depth.

βαθύνω ; βαθύς. βαθυνῶ, βεβάθυγκα, βεβάθυμμαι deepen.

βαθὺς -εῖα -ὺ deep.

βαῖον -ου branch of palm.

βαλάντιον -ου ; βάλλω cast. purse.

βάλλω ; βαλέω. βλήσω, βέβληκα, βέβλημαι cast, strike.

βαπτίζω ; βαπτὸς ; βάπτω dip. βαπτίσω, βεβάπτικα, βεβάπτισμαι baptize.

βαπτισμὸς -μοῦ ; βαπτίζω. baptism.

βαπτιστὴς -τοῦ ; βαπτίζω. baptist.

βάπτω, βάψω, βέβαφα, βέβαμμαι dip.

Βαραββᾶς -βᾶ Barabbas, a noted Jewish malefactor.

Βαραχίας -ου Barachias, Father of the Prophet Zacharias.

βάρβαρος -ον foreign, barbarous.

βαρέω ; βαρὺς heavy. βαρήσω, βεβάρηκα, βεβάρημαι oppress with weight.

βαρέως ; βαρὺς heavy. heavily.

Βαρθολομαῖος -ου : βὰρ son, Θολομαῖος ; Ptolomæus, Bartholomew, one of the Twelve Apostles.

Βαριησοῦς -οῦ : βὰρ son, Ἰησοῦς. Barjesus, the Hebrew name of the sorcerer Elymas.

Βαριωνᾶς -νᾶ : βὰρ son, 'Ιωνᾶς. Son of Jonas.
Βαρνάβας -α Heb. son of consolation. Barnabas, the surname of Joses.
βάρος -εος ; βαρύς. weight.
Βαρσαβᾶς -ᾶ Heb. Barsabas. 1. The other name of Joseph, Acts i. 23. 2. The surname of Judas, Acts xv. 22.
Βαρτίμαιος -ου : βὰρ son, Τίμαιος. Son of Timæus.
βαρύ'νω ; βαρύς. βαρυνῶ, βεβάρυγκα, βεβάρυμμαι press with weight.
βαρὺς -εῖα -ὺ heavy.
βαρύτιμος -μον : βαρὺς heavy, τιμὴ price. precious.
βασανίζω ; βάσανος. βασανίσω, βεβασάνικα, βεβασάνισμαι prove, torture.
βασανιστὴς -τοῦ ; βασανίζω prove. jailer.
βάσανος -ου f. touchstone, torture.
βασιλεία -ας ; βασιλεὺς king. kingdom.
βασίλεια -ας queen.
βασίλειος -ον ; βασιλεὺς king. of a king.
βασιλεὺς -έως king.
βασιλεύω ; βασιλεύς, βασιλεύσω reign.
βασιλικὸς -ὴ -ὸν ; βασιλεὺς king. of a king. Subst. courtier.
βασίλισσα -σης ; βασιλεὺς king. queen.
βάσις -εως ; βαίνω go. step.
βαστάζω, βαστάσω, βεβάστακα, βεβάστασμαι bear.
βάτος -ου f. bush.
βάτος -ου m. Bah, a Jewish Measure containing 7 Wine Gallons, 4 Pints, 15 Solid Inches.
βαττολογέω ; βαττόλογος : βάττος stutterer, λόγος ; λέγω speak. βαττολογήσω, βεβαττολόγηκα stutter, make useless repetition.
βδέλυγμα -ματος ; βδελύσσομαι abominate. abomination.
βεβαιόω ; βέβαιος firm. βεβαιώσω, βεβεβαίωκα, βεβεβαίωμαι confirm.
βεβηλόω ; βέβηλος profane. βεβηλώσω, βεβεβήλωκα, βεβεβήλωμαι profane.

Βεελζεβοὺλ m. *Heb. und.* Beelzebul, chief of the evil spirits.

Βενιαμὶν *Heb. und. son of the right hand.* Benjamin.

Βερνίκη -ης Bernice, sister of Herod Agrippa, king of Chalcis.

Βέροια -ας Berœa, a city of Macedonia.

Βεροιαῖος -αία -αῖον ; Βέροια Berœan.

Βηθαβαρά -ᾶς Bethabara, *Heb. house of passage.* a village near the Jordan.

Βηθανία -ας Bethany, a village near the mount of Olives, 15 Stadia distant from Jerusalem.

Βηθεσδά -ᾶς Bethesda, *Heb. house of mercy.* a pool near the Temple in Jerusalem, to which the sick repaired to be healed.

Βηθλεὲμ f. *Heb. und. house of bread.* Bethlehem, a city of Judæa not far from Jerusalem towards the South, the city of David, in which Jesus was born: called Ephrāta, to distinguish it from Bethlehem belonging to the tribe of Zabulon.

Βεθσαϊδά -ᾶς *Heb. house of fishing.* Bethsaida, a town in Galilee, situated to the North-west of the Lake of Gennesaret.

Βηθφαγὴ -ῆς *Heb. place of figs.* Bethphage, a tract of country at the foot of the Mount of Olives.

βῆμα -ματος ; βάω *step.* step, raised place, judgment-seat.

βία -ας force.

βιάζω ; βία *force.* βιάσω, βεβίακα, βεβίασμαι force.

βίαιος -α -ον ; βία *force.* violent.

βιαστὴς -τοῦ ; βιάζω *force.* violent.

βιβλίον -ου ; *dim.* βίβλος *biblus.* small book.

βίβλος -ου f. biblus, an Egyptian plant, the bark of which was used for writing, book.

βιβρώσκω ; βρόω. βρώσω, βέβρωκα, βέβρωμαι eat.

Βιθυνία -ας Bithynia, a province at the north of Asia Minor.

βίος -ου life.
βίωσις -εως ; βιόω live. mode of living.
βιωτικὸς -ὴ -ὸν ; βιωτὸς ; βιόω live. belonging to life.
βλάπτω, βλάψω, βέβλαφα, βέβλαμμαι hurt.
βλαστάνω, βλαστέω. βλαστήσω, βεβλάστηκα, βεβλάστημαι put forth buds.
Βλάστος -ου Blastus, chamberlain to Herod Agrippa 1.
βλασφημέω ; βλάσφημος blasphemous. βλασφημήσω, βεβλασφήμηκα blaspheme, calumniate.
βλασφημία -ας ; βλάσφημος. blasphemy, calumny.
βλάσφημος -ον : βλας ; βάλλω cast, φήμη word. blasphemous, calumnious.
βλέπω, βλέψω, βέβλεφα, βέβλεμμαι see.
Βοανεργὲς m. Heb. und. Boanerges, sons of thunder. Surname of James and John.
βοάω ; βοὴ cry. βοήσω, βεβόηκα, cry out.
βοήθεια -ας : βοηθέω help.
βοηθέω ; βοηθὸς assistant. βοηθήσω, βεβοήθηκα assist.
βόθυνος -ου pit.
βολὴ -ῆς ; βάλλω cast. throw.
βολίζω ; βολὶς dart. βολίσω, βεβόλικα, βεβόλισμαι cast sounding-lead, sound.
Βοὸζ m. Heb. und. Booz, grandfather of Jesse.
βόῤῥας -ρα North.
βόσκω ; βόω. βοσκήσω feed.
βουλεύω ; βουλὴ counsel. βουλεύσω, βεβούλευκα, βεβούλευμαι counsel.
βουλευτὴς -τοῦ βουλεύω counsel. counsellor.
βουλὴ -λῆς counsel.
βούλημα -ματος ; βούλομαι will. will, design.
βούλομαι, βουλήσομαι, βεβούλημαι will.
βουνὸς -νοῦ hill.
βοῦς, βοὸς, βοΐ, βοῦν m. f. bull, cow.
βραδυπλοέω : βραδὺς slow, πλοέω sail ; πλόος sailing. βραδυπλοήσω sail slowly.
βραδὺς -εῖα -ὺ slow.

βραχίων -ονος m. arm.
βραχύς -εῖα -ύ short.
βρέφος -εος babe.
βρέχω, βρέξω, βέβροχα, βέβρεγμαι, ἔβραχον wet.
βροντή -ῆς thunder.
βροχή -ῆς ; βρέχω shower.
βρυγμός -μοῦ ; βρύχω *gnash the teeth*. gnashing.
βρύχω, βρύξω, βέβρυχα, βέβρυγμαι gnash the teeth.
βρῶμα -ματος ; βρόω eat. food.
βρώσιμος -ον ; βρόω eat. eatable.
βρώσκω ; βρόω. βρώσω, βέβρωκα, βέβρωμαι eat.
βρῶσις -εως ; βρόω eat. eating, food.
βυθίζω ; βύθος *depth*. βυθίσω, βεβύθικα, βεβύθισμαι sink in deep sea.
βυρσεύς -έως ; βύρσα *hide*. tanner.
βύσσος -σου f. fine linen.
βωμός -οῦ ; βάω *step*. altar.

Γ.

Γαββαθᾶ f. *Heb. und.* Gabbatha, a raised pavement.
Γαβριήλ m. *Heb. und.* the Angel Gabriel.
Γαδαρηνός -νή -νόν ; Γάδαρα, *a city to the South-east of the Lake of Gennesaret.* of Gadara.
Γάζα -ης Gaza, a city of the Philistines.
γάζα -ης *Persian.* treasure.
γαζοφυλάκιον -ου : γάζα *treasure*, φυλάκιον ; φύλαξ *guard*. treasury.
Γάϊος -ου *Lat. Caius.* Gaius. 1. of Derbe. 2. a Macedonian. 3. of Corinth.
Γαλατικός -ή -όν ; Γαλατία Galatia ; Γαλάται *Gauls* who invaded Asia : of Galatia, an inland district of Asia Minor.
γαλήνη -νης calm.
Γαλιλαῖος -α -ον Galilæan. Γαλιλαία, *subst. without* χώρα,

Galilee, a region of Palestine bounded on the North by Mount Libanus, on the East by the River Jordan, on the South by Samaria, on the West by the Mediterranean.

Γαλλίων -ωνος Gallio, Proconsul of Achaia, elder brother to Seneca.

Γαμαλιὴλ *Heb. und.* m. Gamaliel, an eminent Pharisee, teacher of St. Paul.

γαμέω ; γάμος marriage. γαμήσω, γαμῶ, γεγάμηκα, γεγάμημαι marry. The husband is properly said γαμεῖν *ducere*, the wife γαμεῖσθαι *nubere*.

γαμίσκω, γαμίζω ; γάμος marriage. γαμίσω, γεγάμικα, γεγάμισμαι give in marriage.

γάμος -ου marriage, marriage-chamber. γάμοι marriage-feast.

γὰρ for.

γαστὴρ -τέρος, -τρὸς f. stomach, womb.

γε at least.

Γεέννα -νης Gehenna, the valley of Hinnom an Israelite, in which the image of Moloch was once placed; but after the worship of the true God had been restored, every kind of filth, and dead carcases being thrown into it, worms were always to be found; and fires were frequently kindled to burn the remains, and to prevent pestilence.

Γεθσημανῆ *Heb. und.* Gethsemane, a place at the foot of the Mount of Olives.

γείτων -τονος m. f. neighbour.

γελάω ; γέλως *laughter*. γελάσω, γεγέλακα, γεγέλασμαι laugh.

γεμίζω ; γέμω *am full*. γεμίσω, γεγέμικα, γεγέμισμαι fill.

γέμω, γεμῶ am full.

γενεὰ -ᾶς generation.

γενέσιος -α -ον ; γένεσις *birth*. of birth.

γένεσις -σεως ; γενέω *am born*. birth, generation.

γενετή -ῆς ; γενέω am born. birth.
γεννάω ; γέννα race. γεννήσω, γεγέννηκα, γεγέννημαι generate.
γέννημα -ματος ; γεννάω generate. generation, produce.
Γεννησαρὲτ f. Heb. und. Gennesaret, a region of Galilee, which gave a name to the northern lake formed by the waters of the River Jordan.
γέννησις -σεως ; γεννάω generate. generating, birth.
γεννητὸς -τὴ -τὸν ; γεννάω generate. born.
γένος -εος race, family.
Γεργεσηνὸς -νὴ -νὸν ; Γέργεσα, a town attached to Gadara. of Gergesa.
γερουσία -ας ; γέρων old man. senate.
γέρων -οντος old man.
γεύω, γεύσω, γέγευκα, γέγευσμαι make taste. mid. taste.
γεωργὸς -οῦ : γῆ earth, ἔργον work. tiller of land.
γῆ, γῆς land.
γῆρας -ραος, -ρως old age.
γηράσκω, γηράω ; γῆρας old age. γηράσω, γεγήρακα grow old.
γίγνομαι, γενέω ; γένος race. γενήσομαι, γενηθήσομαι, γέγονα, γεγένημαι, ἐγενόμην am born, become. ἐγεινάμην ; γενοῦμαι gave birth to.
γιγνώσκω ; γνόω. γνώσομαι, ἔγνωκα, ἔγνωσμαι know. ἔγνων ; γνώμι.
γλεῦκος -εος ; γλυκὺς sweet. sweet juice of the grape, new wine.
γλῶσσα -σης tongue.
γλωσσόκομον -ου : γλῶσσα tongue, mouth-piece of musical instruments, κόμον ; κομέω keep. musician's box, purse.
γναφεὺς -έος ; γνάπτω card. fuller.
γνώμη -μης ; γνόω know. determination.
γνωρίζω ; γνόω know. γνωρίσω, ἐγνώρικα, ἐγνώρισμαι make known.
γνῶσις -σεως ; γνόω know. knowledge.

γνώστης -ου ; γνόω *know*. one who knows.
γνωστὸς -τὴ -τὸν ; γνόω *know*. known.
γογγύζω, γογγύσω, γεγόγγυκα murmur.
γογγυσμὸς -μοῦ ; γογγύζω *murmur*. murmuring.
Γολγοθᾶ *Heb. und.* Golgotha, or Calvary, Place of a Skull : a small hill near Jerusalem where our Saviour was crucified.
Γομόρρα -ρας, -ρα -ρων Gomorrha, a town to the East of Judea, destroyed by God, on account of the detestable crimes of the inhabitants.
γόμος -ου ; γέμω *am full*. cargo.
γονεὺς -έως ; γόνος *offspring*. parent.
γόνυ, γόνατος knee.
γονυπετέω; γονυπετὴς : γόνυ *knee*, πετέω *fall*. γονυπετήσω fall on the knee.
γράμμα -ματος ; γράφω. letter.
γραμματεὺς -έως ; γράμμα *letter*. scribe.
γραφὴ -ῆς ; γράφω. Scripture.
γράφω, γράψω, γέγραφα, γέγραμμαι write.
γρηγορέω, γρηγορήσω, ἐγρηγόρηκα wake.
γυμνὸς -νὴ -νὸν naked.
γυνὴ, γυναικὸς woman, wife.
γωνία -ας corner.

Δ.

Δαβὶδ m. *Heb. und.* David, son of Jesse, king of Judea, of whose family the Saviour was born.
δαιμονίζω ; δαίμων *evil spirit*. δαιμονίσω, δεδαιμόνικα, δεδαιμόνισμαι afflict with an evil spirit.
δαιμόνιον -ου ; δαίμων. evil spirit.
δαίμων -μονος ; δαίω *know*. m. evil spirit.
δάκρυ -ρυος, δάκρυον -ου, tear.
δακρῡ́ω ; δάκρυ. δακρύσω, δεδάκρυκα, δεδάκρυμαι weep.
δακτύλιος -ου ; δάκτυλος ring.

δάκτυλος -ου finger.
Δαλμανουθά Heb. und. Dalmanutha, a village near Magdala.
δαμάζω, δαμάσω, δεδάμακα, δεδάμασμαι subdue.
Δάμαρις -ιδος Damaris.
Δαμασκὸς -οῦ f. Damascus, the capital of Syria.
δανείζω; δάνος gift, loan. δανείσω, δεδάνεικα, δεδάνεισμαι give, lend. mid. borrow.
δάνειον -ου; δάνος loan. debt.
δανειστὴς -τοῦ; δανείζω lend. creditor.
Δανιὴλ m. Heb. und. Daniel, a celebrated Jewish prophet during the Captivity.
δαπανάω; δαπάνη expense. δαπανήσω, δεδαπάνηκα, δεδαπάνημαι expend.
δαπάνη -ης expense.
δὲ secondly, but, and, on the contrary.
δέησις -εως; δέομαι entreat. prayer.
δεικνύω, δείκνυμι; δείκω. δείξω, δέδειχα, δέδειγμαι show.
δειλιάω; δειλία cowardice; δειλὸς fearful. δειλιάσω, δεδειλίακα am afraid.
δειλὸς -λὴ -λὸν; δέος fear. fearful.
δεῖνα, δεῖνος, δεῖνι, δεῖνα m. f. n. some one.
δεινῶς; δεινὸς excessive. excessively.
δειπνέω; δεῖπνον supper. δειπνήσω, δεδείπνηκα sup.
δεῖπνον -νου supper.
δεισιδαίμων -ον; δείδω fear, δαίμων deity. superstitious.
δεισιδαιμονία -ας; δεισιδαίμων superstition.
δέκα ten.
δεκαδύο: δέκα ten, δύο two. twelve.
δεκάπεντε: δέκα ten, πέντε five. fifteen.
Δεκάπολις -εως: δέκα ten, πόλις city. Decapolis, a district, to the North of Samaria, containing Ten principal Cities.
δεκατέσσαρες -α: δέκα ten, τέσσαρες four. fourteen.
δέκατος -η -ον; δέκα ten. tenth.
δεκτὸς -τὴ -τὸν; δέχομαι receive. acceptable.

δένδρον -ου tree.
δεξιός -ά -όν right.
δεξιολάβος -ου : δεξιά right hand, λαβος ; λήβω take. holding the spear in the right hand, spearman.
δέομαι, δεήσομαι, δεδέημαι entreat.
Δερβαῖος -αία -αῖον ; Δέρβη of Derbe.
Δέρβη -ης Derbe, a city of Lycaonia.
δερμάτινος -η -ον ; δέρμα skin ; δέρω flay. of skin.
δέρω, δερῶ, δέδαρκα, δέδαρμαι. ἔδαρον ; δαρέω flay, beat.
δεσμεύω ; δεσμός. δεσμεύσω, δεδέσμευκα, δεδέσμευμαι bind with chains.
δεσμέω ; δεσμός. δεσμήσω, δεδέσμηκα, δεδέσμημαι bind.
δεσμή -ῆς ; δέω bind. bundle.
δέσμιος -α -ον ; δεσμός bound.
δεσμός -οῦ, pl. δεσμά ; δέω bind. chain, bond.
δεσμοφύλαξ -κος : δεσμός bond, φύλαξ keeper. keeper of prison, jailer.
δεσμωτήριον -ου ; δεσμωτήρ ; δεσμόω ; δεσμός. prison.
δεσμώτης -ου ; δεσμός bond. prisoner.
δεσπότης -ου, voc. δέσποτα Master.
δεῦρο Adv. hither.
δεῦτε Adv. come.
δευτεραῖος -αία -αῖον ; δεύτερος second. of the second day.
δευτερόπρωτος -ον : δεύτερος second, πρῶτος first. first reckoned from the second day of the feast. " counted from the morrow after" the festival. Levit. xxiii. 15.
δεύτερος -α -ον second.
δέχομαι, δέξομαι, δέδεγμαι receive.
δέω, δήσω, δέδηκα, δέδεμαι bind. δεῖ must. δέον part. neut. necessary.
δή in truth.
δῆλος -η -ον manifest.
δημηγορέω ; δημηγόρος public speaker ; δῆμος people, ηγορος ; ἀγορέω harangue. δημηγορήσω speak publicly.

D

Δημήτριος -ου Demetrius.
δῆμος -μου people.
δημόσιος -α -ον ; δῆμος people, public. δημοσίᾳ agr. χώρᾳ publicly.
δηνάριος -α -ον ; dēnārius *of ten* ; dēni *ten. used Subst.* without νόμισμα, Denarius, coin of "ten Asses," of which the value was 7 pence 3 farthings.
δήποτε : δὴ in truth, ποτὲ some time. in truth ever.
διὰ Pr. *gen. acc.* through. *comp. often* asunder, in different directions.
διαβαίνω : διὰ across, βαίνω go. διαβήσομαι, διαβέβηκα go across.
διαβάλλω : διὰ through, βάλλω cast. διαβλήσω, διαβέβληκα, διαβέβλημαι cast through, calumniate, accuse.
διαβλέπω : διὰ through, βλέπω see. διαβλέψω see through, see clearly.
διάβολος -ου ; διαβάλλω. accuser, adversary, calumniator.
διαγγέλλω : διὰ through, ἀγγέλλω tell. διαγγελῶ, διήγγελκα, διήγγελμαι divulge, proclaim.
διαγίγνομαι : διὰ through, γίγνομαι am. διαγενήσομαι, διαγεγένημαι intervene.
διαγιγνώσκω : διὰ through, γιγνώσκω know. διαγνώσομαι, διέγνωκα, διέγνωσμαι, 2 aor. διέγνων, discern, know thoroughly.
διαγνωρίζω : διὰ through, γνωρίζω make known. διαγνωρίσω, διεγνώρικα, διεγνώρισμαι make known abroad.
διάγνωσις -εως ; διαγιγνώσκω discern. discernment, decision.
διαγογγύζω : διὰ through, γογγύζω murmur. διαγογγύσω, διαγεγόγγυκα murmur.
διαγρηγορέω : διὰ through, γρηγορέω wake. διαγρηγορήσω, διεγρηγόρηκα awake.
διαδέχομαι : διὰ through, δέχομαι receive. διαδέξομαι, διαδέδεγμαι receive in succession.
διαδίδωμι : διὰ through, δίδωμι ; δόω give. διαδώσω, διαδέδωκα, διαδέδομαι distribute.

διάδοχος -ου ; διαδέχομαι receive in succession. successor.
διαζώννυμι : διά through, ζώννυμι ; ζόω gird. διαζώσω, διέζωκα, διέζωσμαι gird.
διαθήκη -κης ; διατίθημι dispose. covenant, disposing by will, testament.
διαιρέω : διά asunder, αἱρέω take. διαιρήσω, διῄρηκα, διῄρεμαι divide. διεῖλον ; διέλω.
διακαθαρίζω : διά through, καθαρίζω purge ; καθαρὸς clean. διακαθαρίσω, διακεκαθάρικα, διακεκαθάρισμαι purge thoroughly.
διακατελέγχω: διά through, κατά against, ἐλέγχω convince. διακατελέγξω, διακατελήλεγχα, διακατελήλεγμαι convince or confute thoroughly.
διακονέω : διά through, ἀκονέω (obsol.), διακονήσω, διηκόνηκα minister.
διακονία -ας ; διάκονος. ministry.
διᾱ́κονος -ου minister.
διᾱκόσιοι -αι -α : δὶς twice. ακοσιοι ; ἑκατὸν, two hundred.
διακούω : διά through, ἀκούω hear. διακούσω, διήκουκα, διήκουσμαι hear throughout.
διακρῑ́νω : διά asunder, κρίνω separate. διακρινῶ, διακέκρικα, διακέκριμαι distinguish, discern.
διακωλύω : διά through, κωλύω hinder. διακωλύσω, διακεκώλυκα, διακεκώλῡμαι prevent.
διαλαλέω : διά through, λαλέω speak. διαλαλήσω, διαλελάληκα, διαλελάλημαι discourse, divulge.
διαλέγομαι : διά through, λέγω speak. διαλεχθήσομαι, διαλέλεγμαι, διείλεγμαι discourse.
διαλείπω : διά through, λείπω leave. διαλείψω, διαλέλοιπα, διαλέλειμμαι intermit, cease.
διάλεκτος -ου f. ; διαλέγομαι discourse. dialect, language.
διαλλάσσω : διά through, ἀλλάσσω change. διαλλάξω. διήλλαχα, διήλλαγμαι. cause a change. mid. seek reconciliation.

διαλογίζομαι : διὰ through, λογίζομαι ; λόγος calculation. διαλογίσομαι, διαλελόγισμαι reason, understand.

διαλογισμὸς -μοῦ ; διαλογίζομαι. reasoning.

διαλύω : διὰ through, λύω loose, διαλύσω, διαλέλυκα, διαλέλυμαι dissolve, disperse.

διαμαρτύρομαι : διὰ through, μαρτύρομαι ; μάρτυρ witness. διαμαρτυροῦμαι, διαμεμαρτύρημαι testify.

διαμάχομαι : διὰ through, μάχομαι fight. διαμαχήσομαι, διαμαχέσομαι, διαμεμάχημαι contend, maintain earnestly.

διαμένω : διὰ through, μένω remain. διαμενῶ, διαμεμένηκα remain throughout.

διαμερίζω : διὰ asunder, μερίζω ; μέρος part. διαμερίσω, διαμεμέρικα, διαμεμέρισμαι portion out, divide.

διαμερισμὸς -μοῦ ; διαμερίζω divide. division.

διανέμω : διὰ through, νέμω distribute. διανεμῶ, διανενέμηκα, διανενέμημαι spread.

διανεύω : διὰ through, νεύω nod. διανεύσω, διανένευκα, inform by signs.

διανόημα -ματος ; διανοέω : διὰ through, νοέω think. thought.

διάνοια -ας : διὰ through, νοια ; νόος mind. intelligence.

διανοίγω : διὰ through, ἀνὰ up, οἴγω open. διανοίξω, διανέῳχα, διανέῳγμαι open.

διαννυκτερεύω : διὰ through, νυκτερεύω ; νὺξ night. διαννυκτερεύσω, διανεννυκτέρευκα pass the whole night.

διανύω : διὰ through, ἀνύω accomplish, διανύσω. διήνυκα, διήνυσμαι complete.

διαπαντός : διὰ through, παντὸς all, agr. χρόνου. continually.

διαπεράω : διὰ through, περάω pass. διαπεράσω, διαπεπέρακα pass over.

διαπλέω : διὰ through, πλέω sail. διαπλεύσω, διαπέπλευκα sail through.

διαπονέω : διὰ through, πονέω ; πόνος labor. διαπονήσω, διαπεπόνηκα, διαπεπόνημαι labor. pass. am grieved.

διαπορεύω : διά through, πορεύω make to go. διαπορεύσω, διαπεπόρευκα, διαπεπόρευμαι make to go over. mid. go over.

διαπορέω : διά through, απορέω ; άπορος perplexed. διαπορήσω, διηπόρηκα am quite perplexed.

διαπραγματεύω : διά through, πραγματεύω ; πράγμα trading. διαπραγματεύσω, διαπεπραγμάτευκα, διαπεπραγμάτευμαι make by trading.

διαπρίω : διά through, πρίω ; πρίων saw. διαπρίσω, διαπέπρῑκα, διαπέπριμαι saw through, cut as if with a saw.

διαρπάζω : διά asunder, αρπάζω seize. διαρπάσω, διήρπακα, διήρπασμαι tear asunder, spoil.

διαρρήγνῡμι : διά through, ρήγνῡμι ; ρήσσω, ρήγω break. διαρρήξω, διέρρηχα, διέρρηγμαι break, tear asunder.

διασαφέω : διά through, σαφέω ; σαφής manifest. διασαφήσω, διασεσάφηκα, διασεσάφημαι give informaton.

διασείω : διά through, σείω shake. διασείσω, διασέσεικα, διασέσεισμαι disturb, molest.

διασκορπίζω : διά asunder, σκορπίζω scatter. διασκορπίσω, διεσκόρπικα, διεσκόρπισμαι scatter.

διασπάω : διά asunder, σπάω draw. διασπάσω, διέσπακα, διέσπασμαι draw asunder.

διασπείρω : διά through, σπείρω sow, διασπερῶ, διέσπαρκα, διέσπαρμαι disperse.

διασπορά -ᾶς ; διασπείρω : διά asunder, σπείρω sow. dispersion.

διαστέλλω : διά asunder, στέλλω send. διαστελῶ, διέσταλκα, διέσταλμαι ; διστάλλω. send different ways. mid. charge.

διάστημα -ματος ; διΐστημι set apart. interval.

διαστρέφω : διά asunder, στρέφω turn. διαστρέψω, διέστροφα, διέστραμμαι, διέστραφον pervert.

διασώζω : διά through, σώζω ; σῶος safe. διασώσω, διασέσωκα, διασέσωσμαι save, heal.

διαταγὴ -ῆς ; διατάσσω dispose. arrangement, disposition.

διαταράσσω : διὰ through, ταράσσω disturb. διαταράξω, διατετάραχα, διατετάραγμαι disturb, perplex.
διατάσσω : διὰ asunder, τάσσω order. διατάξω, διατέταχα, διατέταγμαι dispose, order.
διατελέω : διὰ through, τελέω accomplish. διατελέσω, διατετέλεκα, διατετέλεσμαι complete, χρόνον being om. continue.
διατηρέω : διὰ through, τηρέω keep. διατηρήσω, διατετήρηκα, διατετήρημαι preserve throughout.
διατί : διὰ through, τί what, χρῆμα cause. why?
διατίθημι : διὰ asunder, τίθημι ; θέω place. διαθήσω, διατέθεικα, διατέθεμαι dispose, covenant.
διατρῑ́βω : διὰ through, τρίβω rub. διατρίψω, διατέτρῐφα, διατέτριμμαι rub through. intr. tarry.
διαφέρω : διὰ asunder, φέρω bear. (οἴω) διοίσω ; διοίω. bear different ways. intr. excel, differ.
διαφεύγω : διὰ through, φεύγω flee. διαφεύξομαι, διαπέφευγα, διαπέφυγμαι, 2 aor. διέφυγον escape.
διαφημίζω : διὰ through, φημίζω ; φημὴ report. διαφημίσω, διαπεφήμικα, διαπεφήμισμαι speak of throughout.
διαφθείρω : διὰ through, φθείρω corrupt. διαφθερῶ, διέφθαρκα, διέφθαρμαι corrupt, destroy.
διαφθορὰ -ᾶς ; διαφθείρω, corruption.
διαφυλάσσω : διὰ through, φυλάσσω guard. διαφυλάξω, διαπεφύλαχα, διαπεφύλαγμαι guard throughout.
διαχειρίζω : διὰ through, χειρίζω handle ; χεὶρ hand. διαχειρίσω, διακεχείρικα, διακεχείρισμαι take in hand. mid. put to death.
διαχωρίζω : διὰ asunder, χωρίζω ; χῶρος place. διαχωρίσω, διακεχώρικα, διακεχώρισμαι separate.
διδακτὸς -τὴ -τὸν ; διδάσκω teach. taught.
διδασκαλία -ας ; διδάσκαλος teacher. doctrine.
διδάσκαλος -ου ; διδάσκω teach. teacher.
διδάσκω, διδάξω, δεδίδαχα, δεδίδαγμαι teach.
διδαχὴ -ῆς ; διδάσκω teach. doctrine.
δίδραχμος -μον : δὶς twice, δραχμὴ drachma. Subst. with-

out νόμισμα, a double drachma worth 15 pence ½ penny, equal to the half shekel, which every Israelite above 20 years of age paid annually for the service of the Temple. *Exod.* xxx. 13.

δίδυμος -ον twin. *Heb.* Thomas.

δίδωμι ; δόω. δώσω, δέδωκα, δέδομαι give.

διεγείρω : διὰ *through*, ἐγείρω *excite*. διεγερῶ, διεγήγερκα, διεγήγερμαι awake, excite.

διέξοδος -ου f. : διὰ *through*, ἐξ *out*, ὀδὸς *way*. outlet.

διερμηνεύω : διὰ *through*, ἑρμηνεύω ; ἑρμῆς *speaker*. διερμηνεύσω, διηρμήνευκα, διηρμήνευμαι interpret.

διέρχομαι : διὰ *through*, ἔρχομαι *go*. διελεύσομαι, διελήλυθα ; διελεύθω. go through, go over.

διερωτάω : διὰ *through*, ἐρωτάω *inquire*. διερωτήσω, διηρωτήσω, διηρώτηκα, διηρώτημαι find by inquiry.

διετής -ές : δὶς *twice*, ἐτής ; ἔτος *year*. two years old.

διετία -ας ; διετής. space of two years.

διηγέομαι : διὰ *through*, ἡγέομαι *lead*. διηγήσομαι, διήγημαι narrate, tell.

διήγησις -εως ; διηγέομαι *narrate*. narration.

διθάλασσος -ον : δὶς *twice*, θάλασσα *sea*. between two seas.

διΐστημι : διὰ *asunder*, ἵστημι *place*. διαστήσω, διέστηκα set apart *tr*. stand apart *intr*.

διϊσχυρίζω : διὰ *through*, ἰσχυρίζω ; ἰσχυρὸς *strong*. διϊσχυρίσω, διϊσχύρικα, διϊσχύρισμαι exert all strength, affirm strongly.

δίκαιος -α -ον ; δίκη, just.

δικαιοσύνη -ης ; δίκαιος, justice.

δικαιόω ; δίκαιος. δικαιώσω, δεδικαίωκα, δεδικαίωμαι justify, value justly, sentence with justice.

δικαίωμα ; δικαιόω. sentence, ordinance.

δικαίως ; δίκαιος, justly.

δικαστὴς -τοῦ ; δικάζω *adjudge* ; δίκη *suit*. arbitrator.

δίκη -ης suit, justice.

δίκτυον -ου ; δίκω *throw*. net.

διό : διὰ through, ὃ which, cause χρημα. wherefore.
διοδεύω : διὰ through, ὀδεύω ; ὁδὸs way. διοδεύσω, διώδευκα journey through.
Διονύσιοs -ου ; Διόνυσος Dionysus, Lat. Bacchus, Dionysius.
Διοπετὴs -ἐs : Διὸs of Jupiter πετὴs ; πέτω, πίπτω fall. fallen from Jupiter.
διορύσσω : διὰ through, ὀρύσσω dig. διορύξω, διώρυχα, διώρυγμαι dig through. 2 a. διώρυγον.
Διόσκουροι : Διὸs of Jupiter, κοῦροι young men sons of Jupiter, viz. Castor and Pollux.
διότι : διὰ on account of, ὅτι which. for the reason that, because. interr. why.
διπλότερos -α -ον ; δίπλοος. double.
δὶs Adv. twice.
διστάζω ; δὶs twice, διστάσω, δεδίσταχα doubt.
δισχίλιοι -αι -α : δὶs twice, χίλιοι thousand. two thousand.
διυλίζω : διὰ through, ὑλίζω ; ὕλη matter, dregs. διυλίσω, διύλικα, διύλισμαι strain through a sieve.
διχάζω ; δίχοs two. διχάσω, δεδίχακα, δεδίχασμαι set at variance.
διχοτομέω ; διχοτόμος : δίχοs two, τόμοs ; τέμνω cut. διχοτομήσω, δεδιχοτόμηκα, δεδιχοτόμημαι cut in two.
διψάω ; δίψα thirst. διψήσω, δεδίψηκα thirst.
διωγμὸs -μοῦ ; διώκω pursue. persecution.
διώκω, διώξω, δεδίωχα, δεδίωγμαι pursue.
δόγμα -ματοs ; δοκέω think. decree.
δοκέω, δοκήσω or δόξω, δεδόκηκα, δέδογμαι think, appear.
δοκιμάζω ; δοκιμὴ proving. δοκιμάσω, δεδοκίμακα, δεδοκίμασμαι prove, as metals, distinguish.
δοκὸs -οῦ f. beam.
δόλοs -ου deceit.
δόμα -ατοs ; δόω give. gift.
δόξα -ηs opinion, glory.
δοξάζω ; δόξα. δοξάσω, δεδόξακα, δεδόξασμαι glorify.

Δορκάς -άδος ; δέρκω see. quick-sighted, antelope, Dorcas.
δουλεύω ; δοῦλος slave. δουλεύσω, δεδούλευκα serve.
δοῦλος -λη -λον slave.
δουλόω ; δοῦλος slave. δουλώσω, δεδούλωκα, δεδούλωμαι enslave.
δοχή -ῆs ; δέχομαι receive. entertainment.
δραχμή -μῆs Drachma, an Attic coin worth 7 pence 3 farthings.
δρέπανον -ου ; δρέπω reap. reaping-hook.
δρόμος -μου ; δρέμω (obs.) run. race, course.
Δρούσιλλα -ηs. Drusilla, elder sister to Agrippa II. married 1. to Azizus king of the Emeseni, 2. to Felix procurator of Judæa.
δύναμαι, δυνήσομαι am able. ἠδυνάμην.
δύναμις -εωs power.
δυνάστης -ου ; δύναμαι. potentate, prince.
δυνατός -ή -όν ; δύναμαι. powerful, possible.
δύο, δύω, δυοῖν, δυσὶ two.
δυσβάστακτος -τον : δὺς ill, βαστακτὸς ; βαστάζω bear. difficult to be borne.
δυσεντερία -as : δὺς ill, ἐντερία ; ἔντερα intestines. disorder of the intestines, dysentery.
δύσκολος -ον : δὺs ill, κόλον food. ´ dissatisfied with food, difficult.
δυσκόλως ; δύσκολος. with difficulty.
δυσμή -μῆs ; δύω. setting of the Sun, West.
δύω, δύνω, δῦμι. δύσω, δέδυκα go down, set.
δώδεκα : δύω two, δέκα ten. twelve.
δωδεκάφυλον -ου : δώδεκα twelve, φυλή tribe. nation of 12 tribes.
δῶμα -ματος ; δέμω build. house.
δωρεὰ -ᾶs ; δῶρον. gratuitous gift. acc. gratuitously.
δωρέω ; δῶρον. δωρήσω, δεδώρηκα, δεδώρημαι present.
δῶρον -ρου ; δόω give. gift.

E.

ἐάν Conj. if.
ἑαυτοῦ -τῆς -τοῦ or αὑτοῦ -τῆς -τοῦ : ἓ him, αὑτὸς self. properly of 3rd person, himself, herself, itself, plur. themselves. used in the 1st and 2nd person also, myself, thyself. plur. ourselves, yourselves.
ἐάω, ἐάσω, εἴακα, εἴαμαι permit, quit, acquiesce.
ἐβδομήκοντα ; ἕβδομος. seventy.
ἐβδομηκοντάκις ; ἐβδομήκοντα. seventy times.
ἕβδομος -η -ον ; ἑπτὰ seven. seventh.
Ἐβὲρ m. Heb. und. Heber, a descendant of Shem.
Ἑβραϊκὸς -ὴ -ὸν ; Ἑβραῖος Hebrew ; Ἐβὲρ Heber. of the Hebrews.
Ἑβραῖος -αία -αῖον ; Ἐβὲρ Heber. Hebrew.
Ἑβραῒς -ίδος ; Ἑβραῖος Hebrew. fem. Hebrew.
Ἑβραϊστὶ ; Ἑβραῒς Hebrew. in the Hebrew language.
ἐγγίζω ; ἐγγὺς near. ἐγγίσω, ἤγγικα, draw near.
ἐγγὺς Adv. gen. near.
ἐγείρω, ἐγερῶ, ἐγήγερκα, ἤγερμαι or ἐγήγερμαι raise, wake.
ἔγερσις -σεως ; ἐγείρω raise. resurrection.
ἐγκάθετος -τον : ἐν in, καθετὸς : καθίημι set down. set for a purpose, suborned.
ἐγκαίνια -ων ; ἔγκαινος : ἐν on, καινὸς new. Encænia, festival on the dedication of the new temple.
ἐγκαλέω : ἐν in, καλέω call. ἐγκλήσω, ἐγκέκληκα, ἐγκέκλημαι summon, accuse, implead.
ἐγκαταλείπω : ἐν in, κατὰ down, λείπω leave. ἐγκαταλείψω, ἐγκαταλέλοιπα, ἐγκαταλέλειμμαι leave behind in.
ἔγκλημα -ματος ; ἐγκαλέω summon. charge.
ἐγκόπτω : ἐν in, κόπτω cut. ἐγκύψω, ἐγκέκοφα, ἐγκέκομμαι impede an enemy by cutting trenches, delay.
ἐγκράτεια -ας ; ἐγκρατὴς temperate : ἐν in, κρατὴς ; κράτος power. temperance.

ἐγκρύπτω : ἐν in, κρύπτω hide. ἐγκρύψω, ἐγκέκρυφα, ἐγκέκρυμμαι hide in.
ἔγκυος -ου f. pregnant.
ἐγώ, ἐμοῦ I.
ἐδαφίζω ; ἔδαφος soil. ἐδαφίσω, ἠδάφικα, ἠδάφισμαι level with the ground.
ἔδαφος -εος soil.
Ἐζεκίας -ου Ezekia, 12th king of Judah, son of Ahaz.
ἐθίζω ; ἔθος. ἐθίσω, εἴθεκα εἴθισμαι accustom.
ἐθνικὸς -ὴ -ὸν ; ἔθνος. of the nations, Gentile.
ἔθνος -εος nation. GENTILE
ἔθος -εος custom.
ἔθω, εἴωθα, am accustomed.
εἰ if. used with indicat. and optat.
εἶδος -δεος appearance, species.
εἴδω, εἰδέω, εἴδημι. εἰδήσω, εἴσομαι, οἶδα see, know. plup. ᾔδειν.
εἰδωλόθυτος -ον : εἴδωλον, θυτὸς ; θύω sacrifice. sacrificed to idols.
εἴδωλον -ου ; εἶδος appearance. form, image.
εἰκῆ rashly, without cause.
εἴκοσι twenty.
εἰκών -κόνος f. ; εἴκω am like. image.
εἰμί, ἔω. ἔσομαι, ἦα am. imp. ἦν and ἤμην.
εἶμι, εἴω. εἴσομαι, ἦα go, will go. 2 a. ἴον.
εἰρηνεύω ; εἰρήνη peace. εἰρηνεύσω, εἰρήνευκα have peace.
εἰρήνη -ρης peace.
εἰρηνοποιὸς -ὸν : εἰρήνη, ποιὸς ; ποιέω make. peace-maker.
εἰς Prep. acc. to, into.
εἷς, μία, ἕν, ἑνὸς, μιᾶς, ἑνὸς, one.
εἰσάγω : εἰς to, ἄγω lead. εἰσαξω, εἴσηχα, εἴσηγμαι lead in.
εἰσακούω : εἰς to, ἀκούω hear. εἰσακούσομαι, εἰσακήκοα listen to.
εἴσειμι : εἰς to, εἶμι will go. Att. imperf. εἰσῄειν enter.

εἰσενέγκω : εἰς into, ἐνέγκω bear. bear into. 2 a. εἰσήνεγκον.
εἰσέρχομαι : εἰς into, ἔρχομαι come. come into. εἰσελεύσομαι, εἰσελήλυθα ; εἰσελεύθω.
εἰσκαλέω : εἰς into, καλέω call. εἰσκαλέσω, εἰσκλήσω, εἰσκέκληκα, εἰσκέκλημαι. call in.
εἴσοδος -ου f. : εἰς into, ὁδὸς way. approach.
εἰσπηδάω : εἰς into, πηδάω leap. εἰσπηδήσω, εἰσπεπήδηκα, εἰσπεπήδημαι leap into.
εἰσπορεύομαι : εἰς into, πορεύομαι go. εἰσπορεύσομαι, εἰσπεπόρευμαι enter.
εἰσδράμω obs. pres. in use εἰστρέχω. 2 aor. εἰσέδραμον.
εἶτα Adv. then.
εἴτε : εἰ if, τε and. whether, or if.
ἐκ bef. consonant. ἐξ bef. vowel. Prep. gen. out of, from.
ἕκαστος -τη -τον each.
ἑκατὸν hundred.
ἑκατονταπλασίων -ον : ἑκατὸν, πλασίων. hundred-fold.
ἑκατοντάρχης -ου : ἑκατὸν hundred, ἄρχης commander. centurion.
ἑκατόνταρχος -ου : ἑκατὸν hundred, ἀρχὸς commander. centurion.
ἐκβάλλω : ἐκ out, βάλλω cast. ἐκβλήσω, ἐκβέβληκα, ἐκβέβλημαι cast out.
ἐκβολὴ -ῆς ; ἐκβάλλω cast out. casting out.
ἐκγαμίζω, ἐκγαμίσκω : ἐκ out, γαμίζω ; γάμος marriage. ἐκγαμίσω, ἐκγεγάμικα, ἐκγεγάμισμαι give in marriage.
ἐκδέχομαι : ἐκ out, δέχομαι receive. ἐκδέξομαι, ἐκδέδεγμαι receive from, expect.
ἐκδίδωμι : ἐκ from, δίδωμι give. ἐκδώσω, ἐκδέδωκα, ἐκδέδομαι deliver, mid. let out.
ἐκδιηγέομαι : ἐκ out, διηγέομαι relate. ἐκδιηγήσομαι, ἐκδεδιήγημαι relate throughout.

εκδικέω : εκ out, δικέω ; δίκη suit. εκδικήσω, εκδεδίκηκα avenge.
εκδίκησις -εως ; εκδικέω avenge. avenging.
εκδιώκω : εκ out, διώκω pursue. εκδιώξω, εκδεδίωχα, εκδεδίωγμαι expel.
έκδοτος -ον ; εκδίδωμι give up. given up.
εκδύω : εκ off, δύω. εκδύσω, εκδέδυκα put off, strip. 2 a. εξέδυν ; έκδυμι.
εκεί Adv. there.
εκείθεν ; εκεί. thence.
εκείνος -νη -νο that.
εκείσε ; εκεί there. thither.
εκζητέω : εκ out, ζητέω seek. εκζητήσω, εξεζήτηκα, εξεζήτημαι seek from.
εκθαμβέω : εκ out, θαμβέω ; θάμβος astonishment. εκθαμβήσω, εκτεθάμβηκα, εκτεθάμβημαι strike with astonishment.
έκθαμβος -ον : εκ out, θάμβος astonishment. astonished.
έκθετος -ον ; εκ out, θετος ; τίθημι place. exposed.
εκκακέω : εκ out, κακέω ; κακός evil. εκκακήσω, εκκεκάκηκα grow sluggish, faint.
εκκεντέω : εκ out, κεντέω goad. εκκεντήσω, εκκεκέντηκα, εκκεκέντημαι pierce.
εκκλησία -ας ; εκκλητός ; εκκαλέω ; εκ out, καλέω call. assembly, church.
εκκολυμβάω : εκ out, κολυμβάω dive. εκκολυμβήσω, εκκεκολύμβηκα. leap out to swim.
εκκομίζω : εκ out, κομίζω bear. εκκομίσω, εκκεκόμικα, εκκεκόμισμαι carry out.
εκκύπτω : εκ off, κόπτω cut. εκκόψω, εκκέκοφα, εκκέκομμαι cut off.
εκκρέμαμαι : εκ from, κρέμαμαι hang. εκκρεμασθήσομαι hang from.
εκλαλέω : εκ out, λαλέω speak. εκλαλήσω, εκλελάληκα, εκλελάλημαι speak out.
εκλάμπω : εκ out, λάμπω shine. εκλάμψω shine out.

E

ἐκλέγω : ἐκ *out*, λέγω *choose*. ἐκλέξω, ἐκλέλεχα, ἐκλέλεγμαι select.

ἐκλείπω : ἐκ *out*, λείπω *leave*. ἐκλείψω, ἐκλέλοιπα, ἐκλέλειμμαι desert, fail.

ἐκλεκτὸς -τὴ -τὸν ; ἐκλέγω *select*. chosen.

ἐκλογὴ -ῆς ; ἐκλέγω *select*. selection.

ἐκλύω : ἐκ *out*, λύω *loose*. ἐκλύσω, ἐκλέλυκα, ἐκλέλυμαι loose from, enervate, weary.

ἐκμάσσω : ἐκ *out*, μάσσω *wipe*. ἐκμάξω, ἐκμέμαχα, ἐκμέμαγμαι wipe.

ἐκμυκτηρίζω : ἐκ *out*, μυκτηρίζω *turn up the nose*; μυκτὴρ *nose*. ἐκμυκτηρίσω, ἐκμεμυκτήρικα, ἐκμεμυκτήρισμαι deride.

ἐκνεύω : ἐκ *out*, νεύω, νέω *swim*. ἐκνεύσω, ἐκνένευκα emerge, escape.

ἐκπειράζω : ἐκ *out*, πειράζω *try*. ἐκπειράσω, ἐκπεπείρακα, ἐκπεπείρασμαι tempt.

ἐκπέμπω : ἐκ *out*, πέμπω *send*. ἐκπέμψω, ἐκπέπομφα, ἐκπέπεμμαι send out.

ἐκπίπτω, ἐκπεσέω : ἐκ *out*, πίπτω *fall*. ἐκπεσοῦμαι fall out. ἐκπτώσω, ἐκπέπτωκα ; ἐκπτόω.

ἐκπλέω : ἐκ *out*, πλέω *sail*. ἐκπλεύσω, ἐκπέπλευκα sail out.

ἐκπληρόω: ἐκ *out*, πληρόω *fill*. ἐκπληρώσω, ἐκπεπλήρωκα, ἐκπεπλήρωμαι fulfil, accomplish.

ἐκπλήρωσις -εως ; ἐκπληρόω *fulfil*. fulfilment.

ἐκπλήσσω : ἐκ *out*, πλήσσω *strike*. ἐκπλήξω, ἐκπέπληχα, ἐκπέπληγμαι strike hard, strike with astonishment.

ἐκπνέω : ἐκ *out*, πνέω *breathe*. ἐκπνεύσω, ἐκπέπνευκα expire.

ἐκπορεύω : ἐκ *out*, πορεύω *make to go*. ἐκπορεύσω, ἐκπεπόρευκα, ἐκπεπόρευμαι make to go out, *mid*. go out.

ἐκριζόω : ἐκ *out*, ῥιζόω ; ῥίζα *root*. ἐκριζώσω, ἐξερρίζωκα, ἐξερρίζωμαι root up.

ἔκστασις -εως ; ἐξίστημι *place out*. ecstasy, trance.

ἐκταράσσω : ἐκ *out*, ταράσσω *trouble*. ἐκταράξω, ἐκτετάραχα, ἐκτετάραγμαι trouble exceedingly.

ἐκτείνω : ἐκ out, τείνω stretch. ἐκτενῶ extend, stretch out.
ἐκτέτακα, ἐκτέταμαι ; ἐκτάω.
ἐκτελέω : ἐκ out, τελέω perform. ἐκτελέσω, ἐκτετέλεκα, ἐκτετέλεσμαι complete, accomplish.
ἐκτένεια -as ; ἐκτενὴς extended. close attention, fervency.
ἐκτενέστερον ; ἐκτενὴς extended. more vehemently.
ἐκτενὴς -ès ; ἐκτείνω extend. extended, fervent.
ἐκτίθημι : ἐκ out, τίθημι place. ἐκθήσω, ἐκτέθεικα. ἐκτέθεμαι expose, set forth.
ἐκτινάσσω : ἐκ off, τινάσσω shake. ἐκτινάξω, ἐκτετίναχα, ἐκτετίναγμαι shake off.
ἕκτος -τη -τον ; ἓξ six. sixth.
ἐκτὸς Adv. gen. without.
ἐκφέρω : ἐκ out, φέρω bear.
ἐκφεύγω : ἐκ out, φεύγω fly. ἐκφεύξω, ἐκπέφευγα, ἐκπέφυγμαι fly from, escape.
ἔκφοβος -ον : ἐκ out, φόβος fear. struck with fear.
ἐκφύω : ἐκ out, φύω produce. ἐκφύσω, ἐκπέφυκα put forth, shoot forth.
ἐκχέω, ἐκχύω, ἐκχύνω : ἐκ out, χέω, χύω, χύνω, pour. ἐκχεύσω, ἐκκέχευκα, ἐκκέχυμαι pour out.
ἐκχωρέω : ἐκ out, χωρέω go. ἐκχωρήσω, ἐκκεχώρηκα go out.
ἐκψύχω : ἐκ out, ψύχω cool by breathing ; ψυχὴ breath. ἐκψύξω, ἐξέψυχα, ἐξέψυγμαι breathe out.
ἐλαία -as olive-tree.
ἔλαιον -ου oil.
ἐλαιὼν -ῶνος ; ἐλαία olive. oliveyard.
Ἐλαμίτης -ου Elamite ; native of Elymais or Persia, from Elam, son of Shem.
ἐλάσσων -σον, -σονος comp. less. μικρὸς, ἐλαχὺς little.
ἐλασσόω ; ἐλάσσων. ἐλασσώσω, ἠλάσσωκα, ἠλάσσωμαι diminish, lessen.
ἐλαύνω, ἐλάω. ἐλάσω, ἐλήλακα, ἐλήλαμαι drive.
ἐλαφρὸς ; ἔλαφος stag. -ὰ -ὸν light.
ἐλάχιστος -τη -τον ; ἐλαχὺς little. least.

Ελεάζαρ m. *Heb. und.* Eleazar, a Jew of the family of David.
ελέγχω, ελέγξω, ελήλεγχα, ελήλεγμαι prove, reprove, bring to light.
ελεέω ; έλεος *pity.* ελεήσω, ηλέηκα, ηλέημαι pity.
ελεημοσύνη -ης ; ελεήμων *pitiful.* pity, alms.
ελεήμων -μον, -μονος ; ελεέω *pity.* pitiful.
έλεος -ου m. *and* εος n. pity, mercy.
ελεύθερος -α -ον free.
ελευθερόω ; ελεύθερος. ελευθερώσω, ηλευθέρωκα, ηλευθέρωμαι set free.
έλευσις -εως ; ελεύθω *obs. come.* coming.
'Ελιακείμ m. *Heb. und.* Eliakim, a Jew of the family of David.
'Ελιέζερ m. *Heb. und.* Elieser, a Jew of the family of David.
'Ελιούδ m. *Heb. und.* Eliud, a Jew of the family of David.
'Ελισάβετ f. *Heb. und.* Elisabeth, the Mother of John the Baptist.
'Ελισσαίος -ου Elisha, son of Shaphat, successor to Elijah ; a celebrated prophet during the reigns of Joram, Jehu, Jehoahaz, and Joash kings of Israel.
έλκος -εος wound, sore.
ελκόω ; έλκος. ελκώσω, ήλκωκα, ήλκωμαι afflict with sores.
ελκύω, έλκω. ελκύσω, είλκυκα, είλκυμαι draw.
έλκω, έλξω, είλχα, είλγμαι draw.
'Ελλάς -άδος. Hellas, sometimes considered as inclusive, sometimes as exclusive of Peloponnesus.
"Ελλην -ληνος Hellen, Greek.
'Ελληνικός -κή -κόν ; "Ελλην. Grecian.
'Ελληνίς -νίδος f. ; "Ελλην. Greek woman.
'Ελληνιστής -ού ; 'Ελληνίζω, act as Greek, Hellenist, Jew living in foreign country and speaking Greek language.
'Ελληνιστί ; "Ελλην. in the Greek language.

Ἐλμωδὰμ m. Heb. und. Elmodam, a Jew of the family of David.
ἐλπίζω ; ἐλπὶς. ἐλπίσω, ἤλπικα, ἤλπισμαι hope.
ἐλπὶς -πίδος hope.
Ἐλύμας -a Elymas, a sorcerer of Cyprus.
ἔλω, εἶλον take. *other tenses supplied from* αἱρέω.
Ἐλωΐ Heb. "my God."
ἐμαυτοῦ -ῆς -οῦ : ἐμοῦ *me*, αὑτοῦ *self*. myself.
ἐμβαίνω : ἐν *on*, βαίνω, βάω *go*. ἐμβήσομαι, ἐμβέβηκα go on board. ἐνέβην ; ἔμβημι.
ἐμβάλλω : ἐν *on*, βάλλω *cast*. ἐμβλήσω, ἐμβαλῶ, ἐμβέβληκα, ἐμβέβλημαι cast on. ἐνέβαλον.
ἐμβάπτω : ἐν *in*, βάπτω. ἐμβάψω, ἐμβέβαφα, ἐμβέβαμμαι dip in.
ἐμβιβάζω : ἐν *on*, βιβάζω *make to step*. ἐμβιβάσω, ἐμβεβίβαχα place on, cause to embark.
ἐμβλέπω : ἐν *on*, βλέπω, *see*. ἐμβλέψω, ἐμβέβλεφα look on.
ἐμβριμάομαι : ἐν *on*, βριμάομαι *roar*. ἐμβριμήσομαι, ἐμβεβρίμημαι threaten severely, groan heavily.
ἐμμαίνομαι : ἐν *on*, μαίρομαι *am mad*. ἐμμανοῦμαι, ἐμμαμῆνα, am mad against.
Ἐμμανουὴλ Heb. Emmanuel, "God with us."
Ἐμμαοὺς -οῦ f. Emmaus, a village 7½ miles to the west of Jerusalem.
ἐμμένω : ἐν *in*, μένω *remain*. ἐμμενῶ, ἐμμεμένηκα remain from.
Ἐμμὸρ m. Heb. und. Emmor *or* Hamor father of Sychem; of whom Jacob bought a piece of land, on his return from Padan-Aram.
ἐμὸς -ὴ -ὸν mine.
ἐμπαίζω : ἐν *in*, παίζω *sport*. ἐμπαίξω, ἐμπέπαιχα, ἐμπέπαιγμαι mock.
ἐμπιπλάω, ἐμπίμπλημι, ἐμπίπλημι : ἐν *in* πιπλάω, πιμπλάω *fill*. see ἐμπλήθω.
ἐμπίπτω, ἐμπεσέω : ἐν *in*, πίπτω *fall*. ἐμπεσοῦμαι, fall in. 2 a. ἐνέπεσον.

ἐμπλήθω : ἐν in, πλήθω fill. ἐμπλήσω, ἐμπέπληκα, ἐμπέπλησμαι 1. am full ; 2. fill.
ἐμπνέω : ἐν on, πνέω breathe. ἐμπνεύσω, ἐμπέπνευκα breathe on.
ἐμπορία -as ; ἔμπορος. merchandize.
ἐμπόριον -ου ; ἔμπορος mart, traffic.
ἔμπορος : ἐν in, πόρος pass. passenger, merchant.
ἐμπρήθω : ἐν in, πρήθω, burn. ἐμπρήσω, ἐμπέπρηκα, ἐμπέπρησμαι destroy by fire.
ἔμπροσθεν Adv. : ἐν in, πρόσθεν ; πρὸ before. before.
ἐμπτύω : ἐν on, πτύω spit. ἐμπτύσω, ἐμπέπτυκα, ἐμπέπτυσμαι spit upon.
ἐμφανὴς -ὲs : ἐν in, φανὴs ; φαίνω show. manifest.
ἐμφανίζω : ἐν in, φανίζω ; φαίνω show. ἐμφανίσω, ἐμπεφάνικα, ἐμπεφάνισμαι manifest.
ἔμφοβος -ον : ἐν in, φόβος fear. affrighted.
ἐμφυσάω : ἐν on, φυσάω ; φύσα bellows. ἐμφυσήσω, ἐμπεφύσηκα, ἐμπεφύσημαι breathe upon.
ἔμφυτος -ον : ἐν in, φυτὸς ; φύω produce. implanted.
ἐν, ἐνὶ Prep. dat. in, on, at.
ἐναγκαλίζω : ἐν in, ἀγκαλίζω ; ἀγκάλη arm. ἐναγκαλίσω, ἐνηγκάλικα, ἐνηγκάλισμαι put in arms.
ἔναντι : ἐν in, ἀντὶ against. before, over against.
ἐναντίος -α -ον ; ἔναντι over against. opposite, contrary.
ἐνδεὴs -ὲs : ἐν in, δεὴs ; δεῖ there is need. in want.
ἕνδεκα : ἓν one, δέκα ten. eleven.
ἑνδέκατος -η -ον ; ἕνδεκα. eleventh.
ἐνδέχομαι : ἐν in, δέχομαι receive. ἐνδέξομαι, ἐνδέδεγμαι receive, admit of. 3rd pers. is possible.
ἐνδιδύσκω, ἐνδύω : ἐν on, διδύσκω, δύω put. ἐνδύσω, ἐνδέδυκα, ἐνδέδυμαι put on. ἐνέδυν ; ἔνδυμι.
ἔνδοξος -ον : ἐν in, δόξα glory. glorious, splendid.
ἔνδυμα -τος ; ἐνδύω put on. raiment.
ἐνδυναμόω : ἐν in, δυναμόω strengthen ; δύναμις strength. ἐνδυναμώσω, ἐνδεδυνάμωκα, ἐνδεδυνάμωμαι strengthen.
ἐνέγκω bear. see φέρω.

ενέδρα -ας : εν in, έδρα seat. ambush.
ενεδρεύω : εν in, εδρεύω; έδρα seat. ενεδρεύσω, ενήδρευκα, ενήδρευμαι set ambush.
ένεδρον -ου : εν, έδρα. ambush.
ενειλέω : εν in, ειλέω roll. ενειλήσω, ενείληκα, ενείλημαι involve, wrap.
ένειμι : εν in, ειμί; έω am. ενέσομαι, ένηα am in.
ένεκα, ένεκεν, είνεκα, είνεκεν Adv. gen. on account of.
ενεργέω : εν in, εργέω; έργον work. ενεργήσω, ενήργηκα, ενήργημαι work, effect.
ενευλογέω : εν on, ευλογέω bless. ενευλογήσω, ενευλόγηκα, ενευλόγημαι bless.
ενέχω : εν in, έχω have. ενέξω bind tr. press upon, threaten intr.
ενθάδε : ένθα here, δε to. hither, here.
ενθυμέομαι : εν in, θυμέομαι; θυμός mind. ενθυμήσομαι, ενθυμηθήσομαι, εντεθύμημαι, think upon, meditate.
ενθύμησις -εως ; ενθυμέομαι. thought.
ενιαυτός -ού year.
ενισχύω : εν in, ισχύω; ισχυς strength. ενισχύσω, ενίσχυκα, ενίσχυμαι strengthen.
έννατος -η -ον ; εννέα. ninth.
εννέα nine.
εννενηκονταεννέα: εννενήκοντα ninety, εννέα. ninety-nine.
εννεός -ού speechless.
εννεύω : εν on, νεύω nod. εννεύσω, εννένευκα make signs.
έννομος -ον : εν in, νόμος law. lawful.
έννυχος -ον : εν in, νύχος; νυξ night. nightly, by night.
ένοχος -ον ; ενέχω press on. subject.
ένταλμα -ματος ; εντέλλω. precept.
ενταφιάζω : εν in, ταφιάζω; τάφος grave. ενταφιάσω, εντεταφίακα, εντεταφίασμαι prepare for burial.
ενταφιασμός -ού ; ενταφιάζω. preparation for burial.
εντέλλω : εν in, τέλλω. εντελώ, εντέταλκα, εντέταλμαι charge, command.
εντεύθεν : ένθα there, θεν from. thence.

έντιμος -μον : έν in, τιμή worth. costly, noble.
εντολή -ης ; εντέλλω. commandment.
εντόπιος -ον : έν in, τοπιος ; τόπος place. inhabitant.
εντός ; έν in. within.
εντρέπω : έν on, τρέπω turn. εντρέψω, εντέτροπα, εντέτραμμαι, ενέτραπον turn at, mid. revere.
έντρομος -ον : έν in, τρόμος tremor : τρέμω tremble. trembling.
εντυγχάνω : έν on, τυγχάνω fall by chance. εντεύξομαι, 2 aor. ενέτυχον. interpose, intercede.
εντυλίσσω : έν in, τυλίσσω wrap. εντυλίξω, εντετύλιχα, εντετύλιγμαι wrap in.
ενυπνιάζομαι ; ενύπνιον dream ; ενυπνιάσομαι, ενυπνίασμαι.
ενύπνιον -ου : έν in, ύπνιον ; ύπνος sleep. dream.
ενώπιον -ου : έν in, ώπιον ; ώψ sight. used acc. without κατά. in sight of, before.
'Ενώς m. Heb. und. Enos, son of Seth.
ενωτίζομαι : έν in, ωτίζομαι ; ώτα ears. listen.
'Ενώχ m. Heb. und.' Enoch, a descendant of Adam, translated into heaven on account of his distinguished holiness.
έξ six.
εξάγω : έξ out, άγω lead. εξάξω, εξήχα, εξήγμαι lead out.
εξαιρέω : έξ out, αιρέω take. εξαιρήσω, εξήρηκα, εξήρεμαι take out, select. εξείλον.
εξαιτέω : έξ out, αιτέω ask. εξαιτήσω, εξήτηκα, εξήτημαι beg of.
εξαίφνης : έξ of, αίφνης sudden. on a sudden.
εξαλείφω : έξ out, αλείφω anoint. εξαλείψω, εξήλειφα, εξήλειμμαι wipe out.
εξάλλομαι : έξ out, άλλομαι leap. εξαλούμαι, εξήλμαι leap up.
εξανατέλλω : έξ out, ανά up, τέλλω. εξανατελώ, εξανατέτολα arise, shoot up.

εξανίστημι : εξ out, ἀνά up, ἵστημι ; στάω place. ἐξαναστήσω, ἐξανέστηκα raise up tr. rise up intr.

ἐξάπινα : ἐξ of, ἅπινα or αἴφνης sudden. on a sudden.

ἐξαποστέλλω : ἐξ out, ἀπό from, στέλλω send. ἐξαποστελῶ, ἐξαπέσταλκα, ἐξαπέσταλμαι send away from.

ἐξαρτίζω : ἐξ out, ἀρτίζω ; ἄρτιος complete. ἐξαρτίσω, ἐξήρτικα, ἐξήρτισμαι finish.

ἐξαστράπτω : ἐξ from, ἀστράπτω lighten. ἐξαστράψω, ἐξήστραφα shine like lightning.

ἐξαυτῆς : ἐξ, αὐτῆς or ὥρας in the same hour, immediately.

ἔξειμι : ἐξ from, εἰμί am. used 3rd pers. ἔξεστι, ἐξῆν is permitted.

ἔξειμι : ἐξ out, εἶμι will go. ἐξείσομαι, ἐξῇα go out.

ἐξέλω : ἐξ out, ἕλω take. ἐξεῖλον. take out.

ἐξενέγκω : ἐξ out, ἐνέγκω bear. bear out. ἐκφέρω.

ἐξέρχομαι : ἐξ out, ἔρχομαι go. go out, depart. ἐξελεύσομαι, ἐξελήλυθα ; ἐξελεύθω.

ἐξετάζω : ἐξ out, ἐτάζω examine. ἐξετάσω, ἐξήτακα, ἐξήτασμαι inquire, ask.

ἐξηγέομαι : ἐξ out, ἡγέομαι lead. ἐξηγήσομαι, ἐξήγημαι lead out, relate, explain.

ἐξήκοντα sixty.

ἐξῆς ; ἔχω hold. continuously, in order.

ἐξίστημι : ἐξ out, ἵστημι ; στάω place. ἐκστήσω, ἐξέστηκα surprise tr. am surprised intr.

ἔξοδος -ου f. ἐξ out, ὁδός way. departure.

ἐξολοθρεύω : ἐξ out, ὀλοθρεύω ; ὄλεθρος destruction. ἐξολοθρεύσω, ἐξωλόθρευκα, ἐξωλόθρευμαι destroy utterly, cut off.

ἐξομολογέω : ἐξ out, ὁμολογέω ; ὁμόλογος agreeing in speech. ἐξομολογήσω, ἐξωμολόγηκα, ἐξωμολόγημαι confess, promise, praise.

ἐξορκίζω : ἐξ out, ὁρκίζω ; ὅρκος oath. ἐξορκίσω, ἐξώρκ « ἐξώρκισμαι bind by oath, adjure.

ἐξορκιστὴς -οῦ ; ἐξορκίζω adjurer, exorcist.

εξορύσσω : εξ out, ορύσσω dig. εξορύξω, εξώρυχα, εξώρυγμαι break through by digging.
εξουδενόω : εξ out, ουδενόω; ουδείς none. εξουδενώσω, εξουδένωκα, εξουδένωμαι set at nought.
εξουθενέω : εξ out, ουθενέω; ουθείς or ουδείς none. εξουθενήσω, εξουθένηκα, εξουθένημαι value at nought, slight, despise.
εξυσία -as; εξόν being allowed. power, authority.
εξουσιάζω; εξουσία power. εξουσιάσω, εξουσίακα, εξουσίασμαι give power, have power.
εξοχή -ης; εξέχω : εξ out or over, έχω hold, hold over. prominence, authority.
εξυπνίζω: εξ out, υπνίζω; ύπνος sleep. εξυπνίσω, εξύπνικα, εξύπνισμαι wake from sleep.
έξυπνος -ον : εξ out, ύπνος sleep. awakened.
έξω; εξ out. without.
έξωθεν : έξω without, θεν from. from without.
εξωθέω, εξώθω : εξ out, ωθέω, ώθω thrust. εξωθήσω, εξώσω, εξώθηκα, εξώκα, εξώσμαι.
εξώτερος -α -ον; έξω without. outer.
εορτή -ης holiday, festival.
επαγγελία -as : επαγγέλλομαι promise. promise.
επαγγέλλω : επί to, αγγέλλω tell. επαγγελώ, επήγγελκα, επήγγελμαι announce. mid. promise.
επάγω : επί to, άγω lead. επάξω, επήχα, επήγμαι bring on or to.
επαθροίζω : επί to, αθροίζω; άθροος crowded. επαθροίσω, επήθροικα, επήθροισμαι collect together.
επαινέω : επί to, αινέω; αίνος praise. επαινέσω, επήνεκα, επήνεμαι praise.
επαίρω : επί to, αίρω raise. επαρώ, επήρκα, επήρμαι lift up. 1 a. επήρα, part. επάρας.
επαισχύνομαι : επί at, αισχύνομαι am ashamed. επαισχυνούμαι, επήσχυμμαι am ashamed of.
επαιτέω : επί to, αιτέω ask. επαιτήσω, επήτηκα, επήτημαι ask in addition.

ἐπακολουθέω : ἐπὶ to, ἀκολουθέω follow. ἐπικολουθήσω, ἐπηκολούθηκα follow after.

ἐπακροάομαι : ἐπὶ to, ἀκροάομαι listen. ἐπακροάσομαι, ἐπηκρόαμαι hear.

ἐπὰν : ἐπεὶ after, ἂν. whenever. verb. subj.

ἐπάναγκες : ἐπὶ on, ἄναγκες ; ἀνάγκη necessity, of necessity.

ἐπανάγω : ἐπὶ to, ἀνὰ up, ἄγω lead. ἐπανάξω (of a ship) launch into the deep. intr. return.

ἐπαναπαύω : ἐπὶ on, ἀνὰ back, παύω stop. ἐπαναπαύσω, ἐπαναπέπαυκα, ἐπαναπέπαυμαι make to rest upon. intr. rest upon.

ἐπανέρχομαι : ἐπὶ to, ἀνὰ back, ἔρχομαι go. return to.

ἐπανίστημι : ἐπὶ to, ἀνὰ up, ἵστημι ; στάω place. ἐπαναστήσω, ἐπανέστηκα raise up tr. rise up intr.

ἐπάνω : ἐπὶ to, ἄνω upward. above.

ἐπαρχία -as : ἔπαρχος governor, Lat. procurator. province governed by a procurator.

ἔπαυλις -εως : ἐπὶ at, αὖλις ; αὐλὴ fold. fold.

ἐπαύριον Adv. ἐπὶ to, αὔριον to-morrow. to-morrow.

ἐπαυτοφώρῳ : ἐπὶ on, αὐτὸς self, φωρὸς ; φὼρ thief. in the very fact.

ἐπεγείρω : ἐπὶ on, ἐγείρω raise. ἐπεγερῶ, ἐπήγερκα, ἐπήγερμαι. raise against.

ἐπεὶ when, after.

ἐπειδὴ : ἐπεὶ after, δὴ truly. after, since, ἐπείδηπερ whereas.

ἐπείδω : ἐπὶ on, εἴδω look. ἐπείσομαι, ἐπεῖδον visit.

ἔπειμι : ἐπὶ to, εἶμι will go. ἐπείσομαι, ἐπῇα. part. ἐπιὼν follow, succeed.

ἔπειτα : ἐπὶ to, εἶτα then. afterwards.

ἐπέκεινα : ἐπὶ to, ἐκεῖνα agr. μέρη om. those parts, beyond.

ἐπενδύτης -ου ; ἐπενδύω : ἐπὶ in addition, ἐν on, δύω put. upper garment.

ἐπέρχομαι : ἐπὶ to, ἔρχομαι come. come against. ἐπελεύσομαι, ἐπελήλυθα ; ἐπελεύθω.

ἐπερωτάω : ἐπὶ *to*, ἐρωτάω *ask*. ἐπερωτήσω, ἐπηρώτηκα, ἐπηρώτημαι ask in addition.
ἐπέχω : ἐπὶ *to*, ἔχω *hold*. ἐφέξω hold in *tr*. stop, watch *intr*.
ἐπηρεάζω ; ἐπήρεια *contumelious reviling*. ἐπηρεύσω, ἐπηρέακα, ἐπηρέασμαι treat with contumely.
ἐπὶ Pr. *gen*. on, over, in the time of. *dat*. in addition to. *acc*. to, against.
ἐπιβαίνω : ἐπὶ *on*, βαίνω, βάω *go*. ἐπιβήσομαι, ἐπιβέβηκα go on, go against. ἐπέβην ; ἐπίβημι.
ἐπιβάλλω : ἐπὶ *on*, βάλλω *cast*. ἐπιβλήσω, ἐπιβέβληκα, ἐπιβέβλημαι cast upon, add to, rush upon *intr*.
ἐπιβιβάζω : ἐπὶ *on*, βιβάζω *make to go*; βάω. ἐπιβιβάσω, ἐπιβεβίβακα, ἐπιβεβίβασμαι make to ascend.
ἐπιβλέπω : ἐπὶ *on*, βλέπω *see*. ἐπιβλέψω, ἐπιβέβλεφα, ἐπιβέβλεμμαι look upon.
ἐπίβλημα -ματος ; ἐπιβάλλω *add to*. addition, piece.
ἐπιβοάω : ἐπὶ *against*, βοάω *cry*. ἐπιβοήσω, ἐπιβεβόηκα, ἐπιβεβόημαι cry against.
ἐπιβουλὴ -ῆς : ἐπὶ *to*, βουλὴ *counsel*. plan, plot.
ἐπιγαμβρεύω : ἐπὶ *to*, γαμβρεύω ; γαμβρὸς *related by marriage*. ἐπιγαμβρεύσω, ἐπιγεγάμβρευκα connect by marriage.
ἐπίγειος -ον : ἐπὶ *on*, γῆ *earth*. earthly.
ἐπιγίγνομαι : ἐπὶ *on*, γίγνομαι *become*. ἐπιγενήσομαι, ἐπιγεγένημαι. 2 aor. ἐπεγενόμην supervene, arise.
ἐπιγιγνώσκω : ἐπὶ *to*, γιγνώσκω ; γνόω *know*. ἐπιγνώσομαι, ἐπέγνωκα, ἐπέγνωσμαι know, acknowledge. ἐπέγνων ; ἐπίγνωμι.
ἐπιγραφὴ -ῆς ; ἐπιγράφω *inscribe*. inscription.
ἐπιγράφω : ἐπὶ *on*, γράφω *write*. ἐπιγράψω, ἐπιγέγραφα, ἐπιγέγραμμαι inscribe.
ἐπιδείκνυμι : ἐπὶ *to*, δείκνυμι ; δείκω *show*. ἐπιδείξω, ἐπιδέδειχα, ἐπιδέδειγμαι show, display.
ἐπιδέχομαι : ἐπὶ *to*, δέχομαι *receive*. ἐπιδέξομαι, ἐπιδέδεγμαι receive.
ἐπιδημέω : ἐπίδημος *sojourning*. ἐπιδημήσω sojourn.

επιδίδωμι : επι to, δίδωμι ; δόω give. επιδώσω, επιδέδωκα, επιδέδομαι give to.
επιείκεια -as ; επιεικής equitable : επι to, είκω yield. equity, clemency.
επιζητέω : επι to, ζητέω seek. επιζητήσω, επεζήτηκα, επεζήτημαι seek.
επίθεσις -σεως ; επιτίθημι impose. imposition.
επιθυμέω : επι to, θυμέω ; θυμός mind. επιθυμήσω, επιτεθύμηκα desire. gen.
επιθυμία -as : επι to, θυμία ; θυμός mind. desire.
επικαθίζω : επι on, καθίζω ; κατα down, ίζω place. επικαθίσω seat upon, sit upon.
επικαλέω : επι to, καλέω call. επικλήσω, επικέκληκα, επικέκλημαι call to, surname, call upon.
επικατάρατος -τον : επι against, κατάρατος ; καταράομαι curse. accursed.
επίκειμαι : επι on, κείμαι lie. επικείσομαι lie on, press.
'Επικούρειος -ον ; 'Επίκουρος Epicurus, an Athenian philosopher. Epicurean.
επικουρία -as ; επίκουρος ally : επι to, κούρος young man. alliance, assistance.
επικρίνω : επι to, κρίνω judge. επικρινώ, επικέκρικα, επικέκριμαι adjudge.
επιλαμβάνω : επι to, λαμβάνω ; λήβω take. επιλήψομαι, επείληφα, επείλημμαι take to, lay hold of.
επιλανθάνομαι : επι to, λανθάνομαι ; λήθομαι hide from myself. επιλήσομαι, επιλέλησμαι, forget. gen.
επιλέγω : επι to, λέγω say. επιλέξω, επιλέλεχα, επιλέλεγμαι say in addition, call.
επιλύω : επι to, λύω loose. επιλύσω, επιλέλυκα, επιλέλυμαι loose, interpret.
επιμέλεια -as ; επιμελής careful ; επιμέλομαι take care of. care.
επιμέλομαι -έομαι : επι to, μέλομαι care. επιμελήσομαι, επιμεμέλημαι take care of. gen.
επιμελώς ; επιμελής, careful ; επιμέλομαι. carefully.

F

ἐπιμένω : ἐπὶ to, μένω wait. ἐπιμενῶ, ἐπιμεμένηκα await, persevere.

ἐπινεύω : ἐπὶ to, νεύω nod. ἐπινεύσω, ἐπινένευκα. nod assent.

ἐπίνοια -ας ; ἐπινοέω conceive : ἐπὶ, νοέω think ; νοῦς mind. conception, thought.

ἐπιορκέω : ἐπὶ against, ὀρκέω ; ὅρκος oath. ἐπιορκήσω, ἐπιώρκηκα swear falsely.

ἐπιούσιος -α -ον : ἐπὶ to, οὔσιος ; ὤν being. necessary to subsistence.

ἐπιπίπτω : ἐπὶ on, πίπτω, πεσέω fall. ἐπιπεσοῦμαι fall on.

ἐπιπνίγω : ἐπὶ to, πνίγω suffocate. ἐπιπνίξω, ἐπιπέπνῖχα, ἐπιπέπνιγμαι choke.

ἐπιπορεύομαι : ἐπὶ to, πορεύομαι go. ἐπιπορεύσομαι, ἐπιπεπόρευμαι go to.

ἐπιρράπτω : ἐπὶ to, ῥάπτω sew. ἐπιρράψω, ἐπέρραφα, ἐπέρραμμαι sew to. 2 a. ἐπέρριφον.

ἐπιρρίπτω : ἐπὶ on, ῥίπτω cast. ἐπιρρίψω, ἐπέρριφα, ἐπέρριμμαι cast upon.

ἐπίσημος -μον : ἐπὶ on, σῆμα mark. remarkable.

ἐπισιτισμὸς -μοῦ ; ἐπισιτίζω : ἐπὶ to, σιτίζω ; σῖτος corn. supply of food.

ἐπισκέπτομαι : ἐπὶ on, σκέπτομαι look. ἐπισκέψομαι behold, visit.

ἐπισκιάζω : ἐπὶ on, σκιάζω ; σκία shade. ἐπισκιάσω, ἐπεσκίακα, ἐπεσκίασμαι overshadow.

ἐπισκοπὴ -ῆς ; ἐπισκέπτομαι. visitation.

ἐπίσκοπος -ου ; ἐπισκέπτομαι. overseer, Bishop.

ἐπίσταμαι, ἠπιστάμην know.

ἐπιστάτης -ου ; ἐφίστημι set over. master.

ἐπιστέλλω : ἐπὶ to, στέλλω send. ἐπιστελῶ, ἐπέσταλκα, ἐπέσταλμαι send letter, charge.

ἐπιστηρίζω : ἐπὶ to, στηρίζω fix. ἐπιστηρίξω, ἐπεστήριχα, ἐπεστήριγμαι. confirm.

ἐπιστολὴ -ῆς ; ἐπιστέλλω send. letter.

ἐπιστρέφω : ἐπὶ to, στρέφω turn. ἐπιστρέψω, ἐπέστροφα, ἐπέστραμμαι turn to.
ἐπιστροφή -ῆς ; ἐπιστρέφω turn to. conversion.
ἐπισυνάγω : ἐπὶ to, σὺν with, ἄγω lead. ἐπισυνάξω, ἐπισυνῆχα, ἐπισυνῆγμαι collect together.
ἐπισυντρέχω : ἐπὶ to, σὺν with, τρέχω run. ἐπισυνθρέξω run together to.
ἐπισύστασις -εως ; ἐπισυνίστημι collect ; ἐπί, σύν, ἵστημι. gathering.
ἐπισφαλής -ές : ἐπὶ to, σφαλής ; σφάλλω trip up. liable to danger, insecure.
ἐπισχύω : ἐπὶ to, ἰσχύω ; ἰσχὺς strength. ἐπισχύσω, ἐπίσχυκα strengthen tr. persevere intr.
ἐπιτάσσω : ἐπὶ to, τάσσω order. ἐπιτάξω, ἐπιτέταχα, ἐπιτέταγμαι order.
ἐπιτελέω : ἐπὶ to, τελέω ; τέλος end. ἐπιτελέσω, ἐπιτετέλεκα, ἐπιτετέλεσμαι accomplish.
ἐπιτίθημι : ἐπὶ on, to, τίθημι ; θέω place. ἐπιθήσω, ἐπιτέθεικα, ἐπιτέθειμαι place on, add.
ἐπιτιμάω : ἐπὶ to, τιμάω ; τιμὴ value. ἐπιτιμήσω, ἐπιτετίμηκα, ἐπιτετίμημαι increase value, impose fine, reprove, forbid.
ἐπιτρέπω : ἐπὶ to, τρέπω turn. ἐπιτρέψω, ἐπιτέτροπα, ἐπιτέτραμμαι turn to, commit to the charge.
ἐπιτροπή -ῆς ; ἐπιτρέπω entrust. commission.
ἐπίτροπος -ου ; ἐπιτρέπω. steward.
ἐπιφαίνω : ἐπὶ to, φαίνω show. ἐπιφανῶ, ἐπιπέφηνα show light, shine.
ἐπιφανής -ές : ἐπὶ to, φανής ; φαίνω show. remarkable.
ἐπιφέρω : ἐπὶ to, φέρω bear. ἐποίσω, aor. ἐπήνεγκα bring to, lay an accusation.
ἐπιφωνέω : ἐπὶ to, φωνέω ; φωνὴ voice. ἐπιφωνήσω, ἐπιπεφώνηκα speak in addition, make acclamations.
ἐπιφώσκω : ἐπὶ to, φώσκω ; φάος light. dawn.
ἐπιχειρέω : ἐπὶ into, χειρέω ; χεὶρ hand. ἐπιχειρήσω, ἐπικεχείρηκα, ἐπικεχείρημαι take in hand.

ἐπιχέω : ἐπὶ on, χέω pour. ἐπιχεύσω, ἐπικέχυκα, ἐπικέχυμαι pour on.
ἐπιχρίω : ἐπὶ on, χρίω anoint. ἐπιχρίσω, ἐπικέχρικα, ἐπικέχρισμαι anoint.
ἐποικοδομέω : ἐπὶ to, οἰκοδομέω build. ἐποικοδομήσω, ἐπῳκοδόμηκα, ἐπῳκοδόμημαι build up, strengthen.
ἐποκέλλω : ἐπὶ to, ὀκέλλω push. ἐποκελῶ, ἐπώκελκα, ἐπώκελμαι push to shore.
ἐπουράνιος -ον : ἐπὶ in, οὐράνιος ; οὐρανος heaven. heavenly.
ἑπτὰ seven.
ἑπτάκις seven times.
ἔπω say, call. 1 a. εἶπα, 2 a. εἶπον.
Ἔραστος -ου. Erastus, a companion of St. Paul.
ἐργάζομαι ; ἔργον work. ἐργάσομαι, εἴργασμαι work.
ἐργασία, -ας ; ἐργάτης workman. labor, gain.
ἐργάτης -ου ; ἐργάζομαι work. workman.
ἔργον -γου work.
ἐρείδω, ἐρείσω, ἐρήρεικα, ἐρήρεισμαι fix.
ἐρεύγω, ἐρεύξομαι ἤρευγμαι emit from the mouth, utter.
ἐρευνάω, ἐρευνήσω, ἠρεύνηκα, ἠρεύνημαι search.
ἐρέω, ἐρῶ, εἴρηκα, εἴρημαι say, tell, mid. ask.
ἐρημία -ας : ἔρημος. wilderness.
ἔρημος -μον desolate. Subst. without χώρα. wilderness.
ἐρημόω ; ἔρημος. ἐρημώσω, ἠρήμωκα, ἠρήμωμαι desolate.
ἐρήμωσις -εως ; ἐρημόω. desolation.
ἐρίζω ; ἔρις strife. ἐρίσω, ἐρήρικα strive.
ἐρίφιον -ου : ἔριφος. dim. goat.
ἔριφος -ου m. f. kid.
ἑρμηνεία -ας ; Ἑρμῆς Hermes. interpretation.
ἑρμηνεύω ; Ἑρμῆς Hermes. ἑρμηνεύσω, ἡρμήνευκα, ἡρμήνευμαι interpret.
Ἑρμῆς -μοῦ ; ἐρέω tell. Hermes, Lat. Mercurius.
ἑρπετὸν -οῦ ; ἕρπω creep. reptile.
ἐρυθρὸς -ὰ -ὸν : ἔρευθος redness. red. with θάλασσα, Red Sea, dividing Egypt from Arabia.

έρχομαι come, go. ἐλεύσομαι, ἐλήλυθα, ἦλθον ; ἐλεύθω.
ἐρωτάω, ἐρωτήσω, ἠρώτηκα, ἠρώτημαι ask.
ἐσθής -θῆτος f. ; ἕω put on. garment.
ἔσθησις -σεως ; ἐσθέω (obsol.) clothe. raiment.
ἐσθίω, ἐσθίσω, ἤσθικα eat.
Ἐσλί m. Heb. und. Esli, a Jew of the family of David.
ἑσπέρα -ας evening.
Ἐσρώμ m. Heb. und. Esrom, a grandson of Juda.
ἔσχατος -η -ον last.
ἐσχάτως ; ἔσχατος. in an extreme state or manner.
ἔσω within.
ἔσωθεν : ἔσω within, θεν from. from within.
ἐσώτερος -ρα -ρον ; ἔσω within. inner.
ἑταῖρος -ρου friend.
ἕτερος -α -ον ; εἷς one. other.
ἔτι still, any longer, moreover.
ἑτοιμάζω ; ἕτοιμος. ἑτοιμάσω, ἡτοίμακα, ἡτοίμασμαι make ready, prepare.
ἕτοιμος -μον ready.
ἑτοίμως ; ἕτοιμος. readily.
ἔτος -εος year.
εὖ ; εὖς good. well.
εὐαγγελίζω ; εὐάγγελος : εὖ well, ἄγγελος messenger. εὐαγγελίσω, εὐηγγέλικα, εὐηγγέλισμαι preach Gospel.
εὐαγγέλιον -ου ; εὐάγγελος. good tidings, Gospel.
εὐαγγελιστής -οῦ ; εὐαγγελίζω. evangelist.
εὐγενής ; εὖ well, γενής ; γένος family. noble.
εὐδία -ας ; εὖ well, δία ; δὶς air. serene sky.
εὐδοκέω ; εὔδοκος ; εὖ well, δόκος ; δοκέω think. εὐδοκήσω, εὐδόκηκα think right, am well pleased.
εὐδοκία -ας : εὖ well, δοκία ; δοκέω think. good will.
εὐεργεσία -ας : εὖ well, ἐργασία ; ἔργον work. benefit.
εὐεργετέω ; εὐεργέτης benefactor. εὐεργετήσω, εὐεργέτηκα, εὐεργέτημαι benefit.
εὐεργέτης -ου : εὖ well, ἐργέτης ; ἔργον work. benefactor.
εὔθετος -ον : εὖ well, θετος ; θέω place. well-disposed, fit.

εὐθέως ; εὐθὺς *straight.* immediately.
εὐθυδρομέω : εὐθύδρομος *straight-runner* : εὐθὺς *straight*, δρόμος *course.* εὐθυδρομήσω, εὐθυδρόμηκα. run straight.
εὐθυμέω ; εὔθυμος *courageous.* εὐθυμήσω, εὐθύμηκα. am courageous.
εὔθυμος -ον : εὖ *well,* θυμὸς *mind.* courageous. *comp.* εὐθυμότερος.
εὐθύ́νω ; εὐθὺς *straight.* εὐθυνῶ, εὔθυγκα, εὔθυμμαι make straight, prepare.
εὐθὺς -θεῖα -θὺ straight. *Adverb,* immediately.
εὐκαιρέω ; εὔκαιρος. εὐκαιρήσω, ηὐκαίρηκα have opportunity.
εὐκαιρία ; εὔκαιρος. opportunity.
εὔκαιρος -ον : εὖ *well,* καιρὸς *opportunity.* seasonable.
εὐκαίρως ; εὔκαιρος. opportunely.
εὔκοπος -ον : εὖ *well*, κόπος *labor.* easy.
εὐλαβέομαι; εὐλαβὴς *cautious.* εὐλαβηθήσομαι, ηὐλάβημαι, *aor.* ηὐλαβήθην. take care. *pass. with mid. sense.*
εὐλαβὴς -ές : εὖ *well,* λαβὴς ; λήβω *take.* easy to hold, taking good hold, cautious.
εὐλογέω ; εὔλογος : εὖ *well,* λόγος *speech.* εὐλογήσω, εὐλόγηκα, εὐλόγημαι bless.
εὐλογητὸς -τὴ -τὸν ; εὐλογέω. blessed.
εὐνοέω : εὔνους *well-disposed.* εὐνοήσω, εὐνόηκα am well-disposed.
εὐνουχίζω ; εὐνοῦχος *eunuch.* εὐνουχίσω, εὐνούχικα, εὐνούχισμαι make eunuch.
εὐνοῦχος -ου : εὐνὴ *bed,* ὄχος ; ἔχω *have.* eunuch, guardian of the bed.
εὐπορέω ; εὔπορος *well-provided* ; εὖ *well,* πόρος *passage.* εὐπορήσω, ηὐπόρηκα, ηὐπόρημαι have good provision.
εὐπορία -ας ; εὔπορος. good provision, profit.
εὑρίσκω ; εὑρέω. εὑρήσω, εὕρηκα, εὕρημαι find.
Εὐροκλύδων -ωνος : Εὖρος *East wind,* κλύδων *wave.* stormy East wind. Euroclydon.
εὐρύχωρος -ρον : εὐρὺς *wide,* χώρα *region.* wide.

εὐσέβεια -ας ; εὐσεβής reverential. reverence, piety.
εὐσεβέω ; εὐσεβής reverential. εὐσεβήσω, εὐσέβηκα, εὐσέβημαι. reverence, worship.
εὐσεβής -ές : εὖ well, σεβής ; σέβω revere. reverential, pious.
εὐσχήμων -μον : εὖ well, σχήμων ; σχέω have. elegant, of rank.
εὐτόνως ; εὔτονος well-stretched. intensely.
Εὔτυχος -ου Eutychus.
εὐφορέω ; εὔφορος well-bearing. εὐφορήσω, εὐφόρηκα bear fruit.
εὐφραίνω ; εὔφρων well-minded. εὐφρανῶ, εὔφραγκα, εὔφραμμαι cheer.
εὐφροσυνή -ῆς ; εὔφρων well-minded. cheerfulness.
εὐχαριστέω ; εὐχάριστος grateful. εὐχαριστήσω, εὐχαρίστηκα give thanks.
εὐχαριστία -ας : εὐχάριστος grateful. gratitude.
εὐχή -ῆς wish, prayer.
εὔχομαι ; εὐχή. εὔξομαι pray.
εὐώνυμος -ον ; εὖ well, ὤνυμα Æol. for ὄνομα name. having favourable omen, left.
ἐφάλλομαι : ἐπὶ on, ἄλλομαι leap. ἐφαλοῦμαι, ἐφῆλμαι. leap on.
Ἐφέσιος -α -ον ; Ἔφεσος Ephesus. Ephesian.
Ἔφεσος -ου f. Ephesus, a celebrated city on the sea-coast of Lydia, metropolis of Ionia.
ἐφημέριος -α -ον : ἐπὶ on, ἡμέριος ; ἡμέρα day. daily. Used Subst. without λειτουργία ministry. daily service.
ἐφίστημι : ἐπὶ over, ἵστημι ; στάω place. ἐπιστήσω, ἐφέστηκα set to, set over tr. approach, attack intr.
ἐφοράω ; ἐπὶ on, ὁράω look. ἐφοράσω, ἐφεώρακα, ἐφεώραμαι. look on, visit.
Ἐφραὶμ f. Heb. und. Ephraim, a city two miles to the North-east of Jerusalem.
ἐφφαθὰ Heb. "be opened."
ἔχθρα -ρας ; ἔχθος hate. enmity.

ἐχθρὸς -ὰ -ὸν ; ἔχθος hate. enemy. comp. ἐχθίων. sup. ἔχθιστος.
ἔχιδνα -νης serpent.
ἔχω, ἕξω have, esteem, *followed by infinitive,* can.
ἕως until *relat.* how far *interrogat.*

Z.

Ζαβουλὼν m. *Heb. dwelling.* Zabulon, Jacob's tenth son.
Ζακχαῖος -ου Zacchæus, a rich publican, very anxious to see Jesus, and receive him at his house.
Ζαρὰ m. *Heb. und.* Zara, son of Juda.
Ζαχαρίας -ου Zacharias. 1. a Priest, Father of John the Baptist. 2. a Prophet, son of Barachias.
ζάω, ζῶ, ζῇς, ζῇ, ζῶμεν, ζῆτε, ζῶσι. ζήσομαι, ἔζηκα. *part.* ζῶν, ζῶσα, ζῶντος. *inf.* ζῆν live.
Ζεβεδαῖος -ου Zebedee, a Jew, father of John and James.
ζεῦγος -εος yoke, pair.
ζευκτηρία -ας ; ζεύγω join. band.
Ζεὺς, Διὸς, Διΐ, Δία, *voc.* Ζεῦ ; ζάω *live.* Zeus, Jupiter.
ζέω, ζέσω, ἔζεκα, boil.
ζῆλος -λου ; ζέω *boil.* fervour, zeal.
ζηλόω ; ζῆλος *fervour.* ζηλώσω, ἐζήλωκα, ἐζήλωμαι. 1. cause envy. 2. envy.
ζηλωτὴς -τοῦ ; ζηλόω ; ζῆλος *fervour,* zealot.
ζημία -ας fine, loss.
ζημιόω ; ζημία fine. ζημιώσω, ἐζημίωκα, ἐζημίωμαι mulct, destroy.
ζητέω, ζητήσω, ἐζήτηκα, ἐζήτημαι seek.
ζήτημα -ματος ; ζητέω question.
ζήτησις -εως ; ζητέω. questioning, seeking.
ζιζάνιον -ου zizanium, a weed which grew in Palestine with the wheat, not unlike it in appearance.
Ζοροβάβελ m. *Heb. und.* Zorobabel, leader of the Jews at the return from captivity.
ζυγὸς -οῦ ; ζεύγω *join.* yoke.

ζύμη -ης ; ζέω ferment. leaven.
ζυμόω ; ζύμη. ζυμώσω, ἐζύμωκα, ἐζύμωμαι leaven.
ζωγρέω ; ζῶγρος : ζωὸς alive, ἄγρα catching. ζωγρήσω, ἐζώγρηκα, ἐζώγρημαι take alive.
ζωὴ -ῆς ; ζάω live. life.
ζώνη -νης ; ζώω gird. girdle.
ζώννῡμι ; ζώω. ζώσω, ἔζωκα, ἔζωσμαι gird.
ζωογονέω : ζωόγονος : ζωὸς alive, γόνος progeny. ζωογονήσω, ἐζωογόνηκα, ἐζωογόνημαι bring forth alive, quicken.
ζῶον -ου ; ζάω live. animal.
ζωοποιέω : ζωοποιὸς : ζωὸς alive, ποιέω make. ζωοποιήσω, ἐζωοποίηκα, ἐζωοποίημαι quicken.

H.

ἢ or, with comparatives than. μᾶλλον omitted, rather than.
ἢ surely.
ἡγεμονεύω ; ἡγεμὼν. ἡγεμονεύσω, ἡγεμόνευκα lead on the way, exercise dominion.
ἡγεμονία -ας ; ἡγεμὼν. reign, government.
ἡγεμὼν -όνος m. ἡγέομαι. leader, governor, title given to the Roman Procurator.
ἡγέομαι, ἡγήσομαι, ἥγημαι lead.
ἡδέως ; ἡδὺς sweet. sweetly, pleasantly.
ἤδη now.
ἡδονὴ -ῆς ; ἡδὺς sweet. pleasure.
ἡδύοσμον -μου : ἡδὺς sweet, ὀσμὸς ; ὄζω smell. mint.
ἥκω, ἥξω am come.
'Ηλὶ Heb. "my God."
'Ηλὶ m. Heb. und. Eli, a Jew, father of the Virgin Mary.
'Ηλίας -ου Elias, or Elijah, a celebrated Prophet during the reigns of Ahab and Ahaziah, kings of Israel.
ἡλικία -ας ; ἡλίκος how great. stature, age.
ἥλιος -ου sun.
ἧλος -λου nail.

ἦμαι sit *perf.* ἤμην *plup.*
ἡμέρα -ας day.
ἡμέτερος -α -ον ; ἡμεῖς we. our.
ἡμιθανής : ἥμι *half,* θανής ; θανέω die. half-dead.
ἥμισυς -εια -υ half.
Hρ m. *Heb. und.* Er, a Jew of the family of David.
Ἡρώδης -δου Herod. 1. Herod the Great, King of Judæa, in whose reign John the Baptist and our Saviour were born. 2. Herod Antipas, son of Herod the Great, Tetrarch of Galilee, who put to death John the Baptist. 3. Herod Agrippa, king of Chalcis, son of Aristobulus grandson of Herod the Great. 4. Grandson of Aristobulus, succeeded his father in the kingdom of Chalcis.
Ἡρωδιανοί -ῶν ; Ἡρώδης. Herodians, men devoted to the cause of Herod.
Ἡρωδιάς -άδος ; Ἡρώδης. Herodias, the illegal wife of Herod Antipas, taken by force from her husband Philip Herod's brother; she instigated Herod to the murder of John the Baptist.
Ἡσαΐας -ου Isaiah, the most celebrated of the Jewish prophets.
ἡσυχάζω ; ἥσυχος *quiet.* ἡσυχάσω, ἡσύχακα am quiet.
ἠχέω ; ἦχος *sound.* ἠχήσω, ἤχηκα sound.
ἦχος -ου sound.

Θ.

Θαδδαῖος -ου Thaddæus, a surname of the Apostle Jude, as was also Lebbæus.
θάλασσα -ης sea.
Θάμαρ f. *Heb. und.* Thamar, daughter of Juda the son of Jacob.
θαμβέω ; θάμβος. θαμβήσω, τεθάμβηκα, τεθάμβημαι astonish, am surprised.

θάμβος -βου surprise.
θανάσιμος -η -ον ; θάνατος. deadly.
θάνατος -ου ; θανέω die. death.
θανατόω ; θάνατος. θανατώσω, τεθανάτωκα, τεθανάτωμαι put to death.
θάπτω, θάψω, τέταφα, τέθαμμαι bury.
Θάρα m. *Heb. und.* Thara, father of Abraham.
θαρσέω ; θάρσος. θαρσήσω, τεθάρσηκα have confidence.
'θάρσος -σεος confidence.
θαυμάζω ; θαῦμα *wonder.* θαυμάσω, τεθαύμακα, τεθαύμασμαι wonder at, admire.
θαυμάσιος -ον ; θαῦμα *wonder.* wonderful.
θαυμαστὸς -τὴ -τὸν ; θαυμάζω. wonderful.
θεὰ -ᾶς goddess.
θεάομαι ; θέα *sight.* θεάσομαι, τεθέαμαι see.
θέατρον -τρου ; θεάομαι *see.* theatre.
θεῖον -ου ; Θεὸς God. *without* πῦρ *fire.* lightning, brimstone.
θεῖος -α -ον ; Θεὸς God. divine.
θέλημα -ματος ; θέλω. will.
θέλω, ἐθέλω. θελήσω, τεθέληκα will. *Imp.* ἔθελον, ἤθελον.
θεμέλιος, θεμέλιον -ου ; θέω *place.* base, foundation.
θεμελιόω ; θεμέλιος. θεμελιώσω, τεθεμελίωκα, τεθεμελίωμαι found.
θεομαχέω ; θεόμαχος. θεομαχήσω, τεθεομάχηκα fight with God.
θεόμαχος -ου : Θεὸς. μάχομαι *fight.* fighter with God.
Θεὸς -οῦ God.
θεοσεβὴς : Θεὸς, σεβὴς ; σέβομαι *worship.* worshipper of God.
Θεόφιλος -ου : Θεὸς God, φίλος *friend.* Theophilus.
θεραπεία -ας ; θέραπος *servant.* service, household.
θεραπεύω ; θέραπος *servant.* θεραπεύσω, τεθεράπευκα, τεθεράπευμαι serve, heal.
θερίζω : θέρος. θερίσω, τεθέρικα, τεθέρισμαι reap.
θερισμὸς -μοῦ ; θερίζω. reaping, harvest.

θεριστής -τοῦ ; θερίζω. reaper.
θερμαίνω ; θερμὸς *hot* ; θέρος. θερμανῶ, τεθέρμαγκα, τεθέρμαμμαι warm, heat.
θέρμη -μης ; θερμὸς *warm*. heat.
θέρος -εος summer.
Θεσσαλονικεὺς -εος ; Θεσσαλονίκη *Thessalonica*. of Thessalonica.
Θεσσαλονίκη -ης. a city of Macedonia, formerly called Therma, called Thessalonica by king Philip.
Θευδᾶς -ᾱ, Theudas.
θεωρέω ; θεωρὸς *spectator*. θεωρήσω, τεθεώρηκα, τεθεώρημαι see.
θεωρία -ας ; θεωρὸς *spectator*. sight.
θήκη -κης ; θέω *place*. repository, scabbard.
θηλάζω ; θηλὴ *breast*. θηλάσω, τεθήλακα, τεθήλασμαι suckle, suck.
θῆλυς -λεῖα -λὺ female.
θηρεύω : θὴρ *wild beast*. θηρεύσω, τεθήρευκα, τεθήρευμαι hunt, take.
θηρίον -ου *dim*. ; θὴρ. wild beast.
θησαυρίζω ; θησαυρὸς. θησαυρίσω, τεθησαύρικα, τεθησαύρισμαι lay up treasure.
θησαυρὸς -ροῦ ; τίθημι *place*. treasure.
θλῑ́βω, θλίψω, τέθλῑφα, τέθλιμμαι press.
θλίψις -εως ; θλίβω. pressing, persecution.
θνήσκω, θανέω. θανοῦμαι, τέθνηκα die.
θορυβέω ; θόρυβος. θορυβήσω, τεθορύβηκα make a noise, *or* disturbance.
θόρυβος -ου noise of a multitude, a noisy multitude.
θραύω, θραύσω, τέθραυκα, τέθραυσμαι break.
θρέμμα -ματος ; τρέφω *nourish*. cattle.
θρηνέω ; θρῆνος. θρηνήσω, τεθρήνηκα, make lamentation.
θρῆνος -νου dirge, lamentation.
θρησκεία -ας ; θρῆσκος *religious*. observance of religious ceremonies, religious worship.
θρὶξ, τριχὸς f. hair.

θροέω ; θρόος clamor. θροήσω, τεθρόηκα, τεθρόημαι make a clamor, confuse with clamor.
θρόμβος -βου drop.
θρόνος -ου seat, throne.
Θυάτειρα -ων Thyatira, a town of Mysia.
θυγάτηρ -τέρος -τρὸς daughter.
θυγατρίον -ου dim. ; θυγάτηρ. little daughter.
θῦμίαμα -ματος ; θυμιάω burn incense. incense.
θῦμιάω, θυμιάσω, τεθυμίακα burn incense.
θυμομαχέω ; θυμόμαχος enraged. θυμομαχήσω. am enraged.
θῦμὸς -μοῦ mind, anger.
θῦμόω ; θυμός. θυμώσω, τεθύμωκα, τεθύμωμαι irritate.
θύρα -ας gate, door.
θυρὶς -ίδος : θύρα door. small door, opening, window.
θυρωρὸς -ροῦ : θύρα, ὥρα care. keeper of the door, porter.
θυσία -ας ; θύω. sacrifice.
θυσιαστήριον -ον ; θυσιάζω ; θυσία. altar.
θύω, θύσω, τέθυκα, τέθυμαι burn, incense, sacrifice, slay. pass. fut. τυθήσομαι.
Θωμᾶς -μᾶ Thomas, one of the Twelve Apostles. Heb. twin.

I.

Ἰάειρος -ρου Jaïrus, a ruler of the Jewish synagogue, whose daughter was restored to life by our Saviour.
Ἰακὼβ m. Heb. und. supplanter, Jacob, younger son of Isaac.
Ἰάκωβος -βου James. 1. a son of Zebedee, called the Great, put to death by Herod Agrippa I. 2. a son of Alphæus and Mary, cousin to our Lord, called the Less, first Bishop of Jerusalem.
Ἰαννὰ m. Heb. und. Janna, a Jew of the family of David.
ἰάομαι, ἰάσομαι, ἴαμαι heal.

G

'Ιαρέδ m. *Heb. und.* Jared, a descendant of Seth.
ἴασις -εως ; ἰάομαι. healing.
'Ιάσων -ονος. Jason.
ἰατρὸς -οῦ ; ἰάομαι. physician.
ἰδέα -ας ; εἴδω *see.* appearance.
ἴδιος -η -ον his own, private.
ἰδιώτης -ου ; ἴδιος *private.* private person.
ἰδού ; εἴδω *see.* 2 aor. *imperat. Adverbially.* behold.
'Ιδουμαία -ας (γῆ) Idumæa, a region to the south of Judæa, the land of Edom, or Esau.
ἰδρὼς -ῶτος m. sweat.
ἱερατεία -ας ; ἱερός. ministry of a priest.
ἱερατεύω ; ἱερός. ἱερατεύσω, ἱεράτευκα discharge the office of a priest.
'Ιερεμίας -ου Jeremia, son of Hilkiah, a celebrated Prophet from the reign of Josiah till the captivity of Judah.
ἱερεὺς -έως ; ἱερὸς priest.
'Ιεριχὼ Jericho, a town to the north-east of Jerusalem.
ἱερὸς -ὰ -ὸν sacred. *Neuter without* οἴκημα, temple.
'Ιεροσόλυμα -ης, f. *and* -ων n. *or* 'Ιερουσαλὴμ f. *und.* Jerusalem, the metropolis of Palestine, situated on the confine of Juda and Benjamin.
'Ιεροσολυμίτης -του ; 'Ιεροσόλυμα, man of Jerusalem.
ἱερόσυλος -ου : ἱερὸν *temple,* συλάω *rob.* temple-robber, sacrilegious person.
'Ιεσσαὶ m. *Heb. und.* Jesse, father of David.
'Ιεχονίας -ου Jechonia, son of Jehoiakim ; 18th king of Judah.
'Ιησοῦς -σοῦ -σοῦν Jesus, Saviour. 1. name given to the Redeemer, the son of Mary, at his Circumcision. 2. Joshua the son of Nun, successor to Moses, conqueror of Canaan.
ἱκανὸς -ὴ -ὸν sufficient, able, satisfactory, much.
ἰκμὰς -μάδος moisture.
'Ικόνιον -ου. Iconium, a city of Pisidia.

ἱλάσκω or ἱλάομαι ; ἵλαος cheerful. ἱλάσομαι, ἵλασμαι reconcile, propitiate.

ἵλεως -ω m. f. (*Attic word.*) ἵλαος cheerful, propitious. ἵλεως σοὶ Κύριε—Θεὸς ἔστω ἵλεως God be propitious to thee—*an expression meaning* God forbid.

ἱμὰς -άντος thong of leather.

ἱματίζω ; ἱμάτιον. ἱματίσω, ἱμάτικα, ἱμάτισμαι clothe.

ἱμάτιον -ου ; ἱμὰς *thong of leather*. garment.

ἱματισμὸς -μοῦ ; ἱματίζω *clothe*. clothing.

ἵνα that. ἱνατὶ why?

Ἰόππη -ης. Joppa, a seaport of Palestine in the tribe of Dan.

Ἰορδάνης -ου Jordan, a river in Judæa.

Ἰουδαῖος -α -ον ; Ἰούδας. Jew. Ἰουδαία *sc.* γῆ. Judæa.

Ἰούδας -δα *Heb. praise*. Juda. 1. a son of Jacob. 2. the name of two Jews of the family of David. 3. Judas of Carioth, one of the Twelve, who betrayed our Saviour. 4. Jude, one of the Twelve, son of Alphæus and Mary, surnamed Lebbæus, and Thaddæus.

Ἰούλιος -ου *Lat.* Julius.

Ἰοῦστος -ου. Justus. 1. a surname of Barsabas, Acts i. 23. 2. a Corinthian, the host of St. Paul at Corinth, in his second journey.

ἱππεὺς -έως ; ἵππος *horse*. horseman.

Ἰσαὰκ m. *Heb. und.* Isaac, son of Abraham.

ἰσάγγελος -ον : ἴσος *equal*, ἄγγελος *angel*. equal to the angels.

ἴσημι know. *def.* ἴσαμεν, ἴσατε *contr.* ἴστε, ἴσασι.

Ἰσκαριώτης -του Iscariot, a surname of the traitor Judas, derived, probably, from Carioth, a city of Samaria.

ἴσος -η -ον equal.

Ἰσραὴλ m. *Heb. und. Prince with God.* Israel, name given to Jacob.

Ἰσραηλίτης -του ; Ἰσραήλ. Israelite.

ἱστάω, ἱστάνω, ἵστημι ; στάω. στήσω, ἔστηκα place *transit*.

pret. imperf. future, 1*st aor. act.* stand *intrans. perfect,
pluperf.* 2 *aor. act.*

ἰσχυρὸς -ρὰ -ρὸν ; ἰσχύς. strong.

ἰσχὺς -χύος f. strength.

ἰσχύω ; ἰσχύς. ἰσχύσω, ἴσχυκα have strength.

ἴσως ; ἴσος *equal.* equally, perhaps.

Ἰταλία -ας. Italy.

Ἰταλικὸς -ὴ -ὸν ; Ἰταλία. Italian.

Ἰτουραία -ας *sc.* γῆ Ituræa, a region to the north-east of the River Jordan, subjected at one time to the government of the Tetrarch Philip, brother of Herod Antipas.

ἰχθύδιον -ου *dim.* ἰχθύς. little fish.

ἰχθὺς -θύος m. fish.

Ἰωάθαμ m. *Heb. und.* Joatham, 10th king of Judah, son of Uzziah.

Ἰωάννα -νης Johanna, wife of Chusa, Herod's steward.

Ἰωαννᾶς -νᾶ Johannas, a Jew of the family of David.

Ἰωάννης -νου, *Heb. joy.* John. 1. The Baptist, son of Zacharias. 2. An Apostle and Evangelist, son of Zebedee. 3. One of the family of the High-priest Annas. 4. The name of Mark, nephew to St. Barnabas.

Ἰωὴλ *Heb. und.* Joel, son of Pethuel, one of the Twelve Minor Prophets.

Ἰωνὰν m. *Heb. und.* Jonan, a Jew of the family of David.

Ἰωνᾶς -νᾶ Jonas. 1. The son of Amittai, who prophesied against Nineveh. 2. The father of two Apostles, Simon and Andrew.

Ἰωρὰμ m. *Heb. und.* Joram, fifth king of Judah, son of Jehoshaphat.

Ἰωρεὶμ m. *Heb. und.* Jorim, a Jew of the family of David.

Ἰωσάφατ m. *Heb. und.* Jehoshaphat, fourth king of Judah, son of Asa.

Ἰωσῆς m. *Heb. und.* Joses. 1. A Jew of the family of

David. 2. a cousin of Jesus. 3. the name of St. Barnabas.

Ἰωσήφ m. *Heb. und. adding.* Joseph. 1. The favourite son of Jacob. 2. The husband of the Virgin Mary. 3. A counsellor of Arimathea, who buried our Saviour. 4. A name of Barsabas. 5, 6, 7. Jews of the family of David.

Ἰωσίας -ου Josias, 15th king of Judah, son of Amon.

Ἰῶτα n. *und.* Iota, the name of the smallest letter, jot.

Κ.

καθά : κατὰ *according to,* ἃ *which things.* as.

καθαιρέω : κατὰ down, αἱρέω take. καθαιρήσω, καθῄρηκα, καθῄρεμαι take down, take away.

καθαίρω ; καθαρός. καθαρῶ, κεκάθαρκα, κεκάθαρμαι clean.

καθάπτω : κατὰ down, ἅπτω *fasten.* καθάψω, καθῆφα, καθῆμμαι. lay hold of.

καθαρίζω ; καθαρός. καθαρίσω, κεκαθάρικα, κεκαθάρισμαι purify.

καθαρισμὸς -μοῦ ; καθαρίζω. purification.

καθαρὸς -ὰ -ὸν pure, clean.

καθέδρα -ρας : κατὰ down, ἕδρα *seat.* seat.

καθέζομαι : κατὰ down, ἕζομαι sit. καθεδοῦμαι sit down. *imperf.* ἐκαθεζόμην.

καθέλω : κατὰ down, ἕλω *take.* καθελῶ take down. 2 *a.* καθεῖλον.

καθεξῆς : κατὰ down, ἑξῆς ; ἕξω *will hold.* in order.

καθεύδω : κατὰ down, εὕδω *sleep.* sleep. *imp.* ἐκάθευδον.

καθηγητὴς -τοῦ ; καθηγέομαι *lead.* leader, master.

καθήκω : κατὰ *according to,* ἥκω am come. *used as impers.* καθήκει is fit. *part.* καθῆκον fitting.

κάθημαι : κατὰ down, ἧμαι *sit.* sit down. *imp.* ἐκαθήμην.

καθημερινὸς -ὴ -ὸν, κατὰ *according to* ; ἡμερινὸς ; ἡμέρα day. daily.

καθίζω : κατά down, ἵζω place. καθίσω make to sit, sit.
καθίημι : κατά down, ἵημι ; ἕω send. καθήσω, καθεῖκα, καθεῖμαι let down.
καθίστημι, καθιστάω, καθιστάνω : κατά down, ἵστημι ; στάω place. καταστήσω, καθέστηκα place down, appoint.
κάθολος : κατά according to, ὅλος whole. gen. used adverbially, καθόλου entirely.
καθοπλίζω : κατά down, ὁπλίζω ; ὅπλον armour. καθοπλίσω, καθώπλικα, καθώπλισμαι arm.
κάθοτι : κατά as to, ὅτι which. inasmuch as, because.
καθώς : κατά according to, ὡς in which manner. as.
καί and, also, even, yet.
Καϊάφας -α Caiaphas, a high-priest of the Jews.
Καϊνάν m. *Heb. und.* Cainan. 1. son of Enos. 2. grandson of Shem.
καινός -νή -νόν new.
καιρός -ροῦ season.
Καῖσαρ -ος Cæsar.
Καισάρεια -ας Cæsārēa. 1. A city of Palestine on the shore of the Mediterranean to the north of Joppa. 2. Cæsarea Philippi, an inland city of Phœnicia at the foot of Mount Libanus.
καίτοιγε : καί, τοι, γε. and yet.
καίω, κάω. καύσω, κέκαυκα, κέκαυμαι burn. a. 1. ἔκηα.
κακία -ας ; κακός evil. wickedness, evil.
κακολογέω ; κακολόγος : κακός evil, λόγος speech. κακολογήσω, κεκακολόγηκα speak evil of.
κακοποιέω : κακοποιός. κακοποιήσω, κεκακοποίηκα do evil.
κακοποιός -όν : κακός evil, ποιός ; ποιέω do. evil-doer.
κακός -ή -όν evil, bad, wicked.
κακοῦργος -ον : κακός, ἔργον deed. evil-doer.
κακόω ; κακός evil. κακώσω, κεκάκωκα, κεκάκωμαι treat ill.
κακῶς ; κακός. ill.
κάκωσις -σεως ; κακόω treat ill. ill-treatment, affliction.
κάλαμος -ου reed.
καλέω, καλέσω, κλήσω, κέκληκα, κέκλημαι call.

καλὸs -ή -ὸν beautiful, honest, honourable, good.
καλύπτω, καλύψω, κεκάλυφα, κεκάλυμμαι cover.
καλῶs ; καλὸs well.
κάμηλοs -λου m. f. camel.
κάμῖνοs -ου m. f. furnace.
καμμύω : κατὰ down, μύω shut. καμμύσω, καταμέμυκα shut the eye.
Κανᾶ f. Heb. und. Cana, a village of Galilee near Capernaum.
Κανανίτης -του Canaanite, surname of Simon, signifying the same with Ζηλώτης zealot.
Κανδάκη -ης, Candace, the name of many Ethiopian Queens.
Καπερναούμ f. Heb. und. Capernaum, a city at the N.W. of the lake of Galilee.
καπνὸs -οῦ ; καίω burn. smoke.
Καππαδοκία -as Cappadocia, a Province at the E. of Asia Minor.
καρδία -as heart.
καρδιογνώστης -ου : καρδία heart, γνώστης knower ; γνόω know. that knows the heart.
καρπὸs -ποῦ fruit.
καρποφορέω ; καρποφόροs : καρπὸs fruit, φόροs ; φέρω bear. καρποφορήσω, κεκαρποφόρηκα bear fruit.
καρποφόροs -ον : καρπὸs fruit, φόροs ; φέρω bear. fruit-bearing.
κάρφοs -φεοs particle of dry dust.
κατὰ Prep. gen. down, against, upon, acc. according to.
καταβαίνω : κατὰ down, βαίνω : βάω go. καταβήσομαι, καταβέβηκα descend. κατέβην ; κατάβημι.
καταβάλλω : κατὰ down, βάλλω cast. καταβλήσω, καταβέβληκα, καταβέβλημαι cast down. 2 a. κατέβαλον.
κατάβασις -εως ; καταβάω go down. descending.
καταβιβάζω : κατὰ down, βιβάζω ; βάω make to go. καταβιβάσω, καταβεβίβακα, καταβεβίβασμαι make to go down.

καταβολή -ῆς ; καταβάλλω. laying down, foundation.
καταγγελεύς -έος ; καταγγέλλω announce. announcer.
καταγγέλλω : κατὰ down, ἀγγέλλω bring news. καταγγελῶ, κατήγγελκα, κατήγγελμαι announce.
καταγελάω : κατὰ against, γελάω laugh. καταγελάσω, καταγεγέλακα, καταγεγέλασμαι deride.
κατάγω, καταγνύω, κατάγνυμι : κατὰ down, ἄγνυμι : ἄγω break. κατάξω, κατεάξω break down. 2 f. καταγήσομαι, 2 a. κατεάγην.
κατάγω : κατὰ down, ἄγω lead. κατάξω, κατῆχα, κατῆγμαι. bring down, of a ship, to land.
καταδέω : κατὰ, δέω bind. καταδήσω, καταδέδηκα, καταδέδεμαι. bind up.
καταδικάζω : κατὰ against, δικάζω ; δίκη suit. καταδικάσω, καταδεδίκακα, καταδεδίκασμαι pass sentence against, condemn.
καταδιώκω : κατὰ against, διώκω pursue. καταδιώξω, καταδεδίωχα, καταδεδίωγμαι persecute.
καταδυναστεύω : κατὰ down, δυναστεύω subject ; δυνάστης potentate ; δύναμαι am able. καταδυναστεύσω, καταδεδυνάστευκα, καταδεδυνάστευμαι. hold in subjection.
καταισχύνω : κατὰ down, αἰσχύνω ; αἶσχος shame. καταισχυνῶ, κατῄσχυγκα, κατῄσχυμμαι cover with shame.
κατακαίω : κατὰ down, καίω burn. κατακαύσω, κατακέκαυκα, κατακέκαυμαι consume by fire. 2 a. κατέκαον.
κατάκειμαι : κατὰ down, κεῖμαι lie. κατακείσομαι lie down. imp. κατεκείμην.
κατακλάω, κατακλάζω : κατὰ down, κλάω break. κατακλάσω, κατακέκλακα, κατακέκλασμαι break down.
κατακλείω : κατὰ down, κλείω shut. κατακλείσω, κατακέκλεικα, κατακέκλεισμαι shut up.
κατακληροδοτέω ; κατὰ down, κληροδοτέω allot ; κληροδότης allotter : κλῆρος lot, δότης giver ; δόω give. κατακληροδοτήσω, κατακεκληροδότηκα, κατακεκληροδότημαι settle by allotment.

κατακλίνω : κατὰ down, κλίνω bend. κατακλινω, κατακέκλικπ, κατακέκλιμαι make to recline.

κατακλυσμὸς -μοῦ ; κατακλύζω : κατὰ down, κλύζω dash with water. flood.

κατακολουθέω : κατὰ down, ἀκολουθέω follow. κατακολουθήσω, κατηκολούθηκα follow.

κατακόπτω : κατὰ down, κόπτω cut. κατακύψω, κατακέκοφα, κατακέκυμμαι cut to pieces. 2 a. κατέκοπον.

κατακρημνίζω : κατὰ down, κρημνίζω ; κρημνὸς precipice. κατακρημνίσω, κατακεκρήμνικα, κατακεκρήμνισμαι throw down a precipice.

κατακρίνω : κατὰ against, κρίνω judge. κατακρινῶ, κατακέκρικα, κατακέκριμαι condemn.

κατακυριεύω : κατὰ against, κυριεύω ; κύριος lord. κατακυριεύσω, κατακεκυρίευκα exercise authority.

καταλαμβάνω, καταλήβω : κατὰ down, λήβω take. καταλήψομαι, κατείληφα, κατείλημμαι apprehend. 2 a. κατέλαβον.

καταλιθάζω : κατὰ down, λιθάζω ; λίθος stone. καταλιθάσω, καταλελίθακα, καταλελίθασμαι stone.

κατάλοιπος -ον : κατὰ down, λοιπὸς left ; λείπω. remaining. οἱ κατάλοιποι the rest.

καταλείπω : κατὰ down, λείπω leave. καταλείψω, καταλέλοιπα, καταλέλειμμαι leave behind. 2 a. κατέλιπον.

κατάλυμα -ατος ; καταλύω. chamber, inn.

καταλύω : κατὰ down, λύω loose. καταλύσω, καταλέλυκα, καταλέλυμαι dissolve, destroy, loose the horses from the chariot to take rest.

καταμανθάνω : κατὰ down, μανθάνω ; μαθέω learn. καταμαθήσω, καταμεμάθηκα, καταμεμάθημαι observe. 2 a. κατέμαθον.

καταμαρτυρέω : κατὰ against, μαρτυρέω ; μάρτυρ witness. καταμαρτυρήσω, καταμεμαρτύρηκα bear witness against.

καταμένω : κατὰ down, μένω remain. καταμενῶ, καταμεμένηκα, καταμέμονα abide.

καταμόνας : κατὰ in, μόνας solitary places. i. e. χώραις. apart.

καταναθεματίζω : κατά *against*, ἀναθεματίζω ; ἀνάθεμα *curse*. καταναθεματίσω, bind down by curses.
κατανεύω : κατά *down*, νεύω *nod*. κατανεύσω, κατανένευκα signify by nod.
κατανοέω : κατά *down*, νοέω ; νόος *mind*. κατανοήσω, κατανενόηκα, κατανενόημαι observe.
καταντάω : κατά *down*, ἀντάω *meet*. καταντήσω, κατήντηκα meet, arrive.
κατανύσσω : κατά *down*, νύσσω *prick*. κατανύξω, κατανένυχα, κατανένυγμαι. prick, vex.
καταξιόω : κατά *down*, ἀξιόω ; ἄξιος *worthy*. καταξιώσω, κατηξίωκα, κατηξίωμαι think worthy.
καταπατέω : κατά *down*, πατέω *tread* ; πάτος *path*. καταπατήσω, καταπεπάτηκα, καταπεπάτημαι tread down.
κατάπαυσις -σεως ; καταπαύω *cause to rest*. rest.
καταπαύω : κατά *down*, παύω *cause to rest*. καταπαύσω, καταπέπαυκα, καταπέπαυμαι, cause to rest, restrain.
καταπέτασμα -ματος ; καταπετάζω : κατά *down*, πεταζω *extend*. curtain, veil.
καταπίνω : κατά *down*, πίνω *drink*. drink down, swallow. καταπώσω, καταπέπωκα, καταποθήσομαι, καταπέπομαι ; καταπόω.
καταπίπτω : κατά *down*, πίπτω *fall*. καταπεσοῦμαι, 2 aor. κατέπεσον.
καταπλέω : κατά *down*, πλέω *sail*. καταπλεύσω, καταπέπλευκα sail down.
καταπονέω : κατά *down*, πονέω *labour*. καταπονήσω, καταπεπόνηκα, καταπεπόνημαι toil, *pass*. am overborne *or* vexed.
καταποντίζω : κατά *down*, ποντίζω ; πόντος *sea*. καταποντίσω, καταπεπόντικα, καταπεπόντισμαι drown in sea.
καταράομαι : κατά *against*, ἀράομαι ; ἀρά *imprecation*. καταράσομαι, κατήραμαι imprecate against, bind by imprecation.
καταργέω : κατά *down*, ἀργέω ; ἀργὸς *idle*. καταργήσω, κατήργηκα, κατήργημαι render idle, do away with.

καταριθμέω : κατά, ἀριθμέω ; ἀριθμὸς number. καταριθμήσω, κατηρίθμηκα, κατηρίθμημαι reckon.

καταρτίζω : κατά down, ἀρτίζω ; ἄρτιος perfect. καταρτίσω, κατήρτικα, κατήρτισμαι render complete, perfect, mend.

κατασείω : κατά down, σείω shake. κατασείσω, κατασέσεικα, κατασέσεισμαι shake down, make a downward movement with the hand, beckon.

κατασκάπτω : κατά down, σκάπτω dig. κατασκάψω, κατέσκαφα, κατέσκαμμαι dig down, overthrow by undermining.

κατασκευάζω : κατά down, σκευάζω ; σκεῦος vessel. κατασκευάσω, κατεσκεύακα, κατεσκεύασμαι make ready.

κατασκηνόω : κατά down, σκηνόω ; σκήνη tent. κατασκηνώσω, κατεσκήνωκα fix tent, dwell.

κατασκήνωσις -εως ; κατασκηνόω. dwelling.

κατασοφίζω : κατά against, σοφίζω make wise. κατασοφίσω, κατασεσόφικα, κατασεσόφισμαι make wise for bad purposes. mid. κατασοφίζομαι, κατασοφίσομαι overcome by fraud.

καταστέλλω : κατά down, στέλλω send. καταστελῶ, κατέσταλκα, κατέσταλμαι. suppress, appease.

καταστρέφω : κατά down, στρέφω turn. καταστρέψω, κατέστροφα, κατέστραμμαι overturn. 2 α. κατέστραφον.

κατασύρω : κατά down, σύρω drag. κατασυρῶ, κατασέσυρκα, κατασέσυρμαι drag down.

κατασφάζω, κατασφάσσω : κατά down, σφάζω stab. κατασφάξω, κατέσφαχα, κατέσφαγμαι slay.

κατάσχεσις -σέως ; κατέχω or κατασχέω hold. possession.

κατατίθημι, κατατιθέω : κατά down, τίθημι ; θέω place. καταθήσω, κατατέθεικα, κατατέθειμαι lay down.

κατατρέχω : κατά down, τρέχω run. καταθρέξω. 2 αor. κατέδραμον. run down.

καταφάγω : κατά down, φάγω eat. devour. 2 α. κατέφαγον.

καταφέρω : κατά down, φέρω bear. κατοίσω, κατήνεγκα. bear down.

καταφεύγω : κατὰ *down*, φεύγω *flee*. καταφεύξομαι, καταπέφευγα, καταπέφυγμαι. 2 aor. κατέφυγον. flee for safety.

καταφιλέω : κατὰ *down*, φιλέω *love*. καταφιλήσω, καταπεφίληκα, καταπεφίλημαι cover with kisses, kiss.

καταφρονέω : κατὰ *down*, φρονέω *think*. καταφρονήσω, καταπεφρόνηκα despise.

καταφρονητὴς -τοῦ ; καταφρονέω. despiser.

καταχέω : κατὰ *down*, χέω *pour*. καταχεύσω, κατακέχευκα, κατακέχυμαι pour down.

καταψῡ́χω : κατὰ *down*, ψύχω *cool*. καταψύξω, κατέψυχα, κατέψυγμαι cool.

κατείδωλος -ον : κατὰ *down*, εἴδωλον *idol*, sunk in idolatry.

κατέναντι : κατὰ *down*, ἔναντι *opposite*. over against.

κατεξουσιάζω : κατὰ *down*, ἐξουσιάζω ; ἐξουσία *authority*. κατεξουσιάσω exercise authority.

κατέρχομαι : κατὰ *down*, ἔρχομαι *come*. descend. κατελεύσομαι, κατελήλυθα, κατῆλθον ; κατελεύθω.

κατεσθίω : κατὰ *down*, ἐσθίω *eat*. κατεσθίσω devour.

κατευθῡ́νω : κατὰ *down*, εὐθύνω ; εὐθὺς *straight*. κατευθυνῶ, κατεύθυγκα, κατεύθυμμαι make straight.

κατεφίστημι : κατὰ *against*, ἐφίστημι *set on*. κατεπιστήσω, κατεφέστηκα, κατεφέσταμαι. set against *tr.* attack *intr.*

κατέχω : κατὰ *down*, ἔχω *hold*. καθέξω detain.

κατηγορέω : κατὰ *against*, ἀγορέω *speak* : ἀγορὰ *assembly*. κατηγορήσω, κατηγόρηκα, κατηγόρημαι accuse.

κατηγορία -ας ; κατήγορος. accusation.

κατήγορος -ου : κατὰ *against*, ἀγορὰ *assembly*. accuser.

κατηχέω : κατὰ *down*, ἠχέω *sound*. κατηχήσω, κατήχηκα, κατήχημαι instruct by word of mouth.

κατισχύω : κατὰ *against*, ἰσχύω *am strong*. κατισχύσω, κατίσχυκα prevail against.

κατοικέω : κατὰ *down*, οἰκέω *dwell*. κατοικήσω, κατῴκηκα, κατῴκημαι settle, abide.

κατοίκησις -εως ; κατοικέω *dwell.* dwelling.
κατοικία -as ; κατοικέω *dwell.* dwelling.
κατόρθωμα -ματος ; κατορθόω *establish.* prosperous event.
κάτω down, below.
καυματίζω ; καῦμα *burning.* καυματίσω, κεκαυμάτικα, κεκαυμάτισμαι scorch.
καύσων -σωνος m. ; καίω *burn.* heat.
Κεγχρεαὶ -ῶν ; κέγχρος *millet.* Cenchreæ, the port of Corinth on the Saronic Gulf.
κέδρος -ρου f. cedar.
Κέδρων m. *Heb. und.* Cedron, a torrent that flowed from a hill on the E. side of Jerusalem.
κεῖμαι, κείσομαι lie.
κειρία -as shroud.
κείρω, κερῶ, κέκαρκα, κέκαρμαι *aor. mid.* ἐκειράμην. shear, shave.
κελεύω, κελεύσω, κεκέλευκα, κεκέλευσμαι order.
κενὸς -ὴ -ὸν empty.
κέντρον -τρου ; κεντέω *prick.* sharp point, sting.
κεντυρίων -ωνος ; centūrio ; centum *hundred.* centurion, commander of a hundred men.
κεραία -as *dim.* ; κέρας *horn.* extremity of a horn, point.
κεραμεὺς -έως ; κέραμος *potter's earth.* potter.
κεράμιος -α -ον ; κέραμος. of potter's earth. κεράμιον i. e. σκεῦος earthen vessel.
κέραμος -ου tile, potter's earth.
κέρας -ατος horn.
κεράτιον -ου ; κέρας *horn.* little horn, husk.
κερδαίνω, κερδέω ; κέρδος *gain.* κερδανῶ, κερδήσω, κεκέρδηκα, κεκέρδημαι gain. 1 *a.* ἐκέρδᾱνα.
κέρμα -ματος ; κείρω *cut.* coin, change *of money.*
κερματιστὴς -τοῦ ; κερματίζω ; κέρμα. money-changer.
κεφάλαιον -ου ; κεφαλὴ *head.* capital sum, price.
κεφαλαιόω ; κεφάλαιος ; κεφαλή. κεφαλαιώσω, κεκεφαλαίωκα, κεκεφαλαίωμαι sum up, strike on head.
κεφαλὴ -ῆς head.

H

κῆνσος -σου ; census Lat. tax, tribute.
κῆπος -που garden.
κηπουρὸς -οῦ : κῆπος, οὖρος keeper. gardener.
κηρίον -ου dim. ; κηρὸς wax. honeycomb.
κήρυγμα -ματος ; κηρύσσω. proclamation, preaching.
κηρύσσω ; κῆρυξ herald. κηρύξω, κεκήρυχα, κεκήρυγμαι proclaim, preach.
κῆτος -εος whale.
Κηφᾶς -ᾶ Cephas, *a Syrian word signifying* stone, Peter.
κιβωτὸς -τοῦ f. ark.
Κιλικία -ας ; Κίλιξ. Cilicia, a province at the extreme S.E. of Asia Minor.
κινδυνεύω ; κίνδυνος risk. κινδυνεύσω, κεκινδύνευκα, κεκινδύνευμαι risk, am in peril.
κῑνέω, κινήσω, κεκίνηκα, κεκίνημαι move.
κίνησις -σεως ; κινέω move. moving.
Κὶς Heb. und. Cis, father of Saul.
κλάδος -ου ; κλάω. branch.
κλαίω, κλαύσω, κέκλαυκα weep.
κλάσις -εως ; κλάω. breaking.
κλάσμα -ματος ; κλάω. fragment.
Κλαύδη -ης. Clauda, an island at the S.W. of Crete.
Κλαύδιος -ου Lat. Claudius. 1. the fifth Roman Emperor. 2. the Roman governor of Jerusalem.
κλαυθμὸς -μοῦ ; κλαίω. weeping.
κλάω, κλάζω. κλάσω, κέκλακα, κέκλασμαι break.
κλεὶς, κλειδὸς f. key. pl. κλεῖδες, κλεῖς.
κλείω ; κλεὶς. κλείσω, κέκλεικα, κέκλεισμαι shut.
Κλεόπας, Κλώπας -α Cleophas, called also Alphæus, brother of Joseph the husband of the Virgin Mary.
κλέπτης -του thief.
κλέπτω, κλέψω, κέκλοφα, κέκλεμμαι steal.
κλῆμα -ματος ; κλάω. branch.
κληρονομέω ; κληρονόμος. κληρονομήσω, κεκληρονόμηκα, κεκληρονόμημαι inherit.
κληρονομία -ας ; κληρονόμος. inheritance.

κληρονόμυς -ου : κλῆρος, νόμος ; νέμω divide. inheritor.
κλῆρος -ρου lot.
κλητὺς -τὴ -τὸν ; καλέω. called.
κλίβανος, κρίβανος -ου oven.
κλίνη -νης ; κλίνω. couch, bed.
κλινίδιον -ου dim. ; κλίνη. small couch.
κλῑ́νω, κλινῶ, κέκλικα, κέκλιμαι recline.
κλισία -ας ; κλίνω. row of persons sitting.
κλοπὴ -ῆς ; κλέπτω. theft.
κλύδων -ωνος m. ; κλύζω dash. wave.
Κνίδος -ου f. Cnidus, a city and peninsula of Caria at the S.W. of Asia Minor.
κοδράντης -του ; quadrans Lat., *the fourth part of the Roman " as,"* farthing.
κοιλία -ας ; κοῖλος hollow. stomach, womb.
κοιμάω, κοιμήσω, κεκοίμηκα, κεκοίμημαι lay to sleep.
κοίμησις -εως ; κοιμάω. laying to sleep.
κοινὸς -νὴ -νὸν common.
κοινόω ; κοινὸς common. κοινώσω, κεκοίνωκα, κεκοίνωμαι communicate, pollute.
κοινωνία -ας ; κοινὸς. communion, fellowship.
κοινωνὸς -οῦ ; κοινὸς. sharer, partner.
κοίτη -της bed.
κοιτὼν -ῶνος ; κοίτη bed. bed-chamber.
κόκκινος -η -ον ; κόκκος berry used in dyeing. purple.
κόκκος -κου grain, berry.
κολάζω, κολάσω, κεκόλακα, κεκόλασμαι punish.
κόλασις -εως ; κολάζω. punishment.
κολαφίζω ; κόλαφος blow on the cheek. κολαφίσω, κεκολάφικα, κεκολάφισμαι buffet.
κολλάω ; κόλλα glue. κολλήσω, κεκόλληκα, κεκόλλημαι fasten, join.
κολλυβιστὴς -τοῦ ; κολλυβίζω ; κόλλυβος small coin. money-changer.
κολοβόω ; κολοβὸς curtailed. κολοβώσω, κεκολόβωκα, κεκολόβωμαι shorten.

H 2

κόλπος -που bosom, bay, gulf.
κολυμβάω, κολυμβήσω, κεκολύμβηκα dive, leap out to swim.
κολυμβήθρα -ας ; κολυμβάω *dive*. pond.
κολώνια -ας *Lat. colonia.* colony.
κομίζω, κομίσω, κεκόμικα, κεκόμισμαι bear. *mid.* receive.
κομψὸς -ὴ -ὸν neat *in dress*, well *in health*.
κονιάω, κονιάζω ; κονία *dust.* κονιάσω, κεκονίακα, κεκονίαμαι cover with dust, whiten.
κονιορτὸς -τοῦ : κόνις *dust*, ὁρτὸς ; ὅρω *raise*. raised dust.
κοπάζω ; κόπος *toil.* κοπάσω, κεκόπακα rest from toil.
κοπετὸς -τοῦ ; κόπτομαι *beat the breast.* wailing.
κοπιάω ; κόπος. κοπιάσω, κεκοπίακα labour.
κόπος -ου toil, trouble.
κοπρία -ας ; κόπρος. dung.
κόπτω, κόψω, κέκοφα, κέκομμαι cut. *mid.* beat my breast, lament. 2 *a.* ἔκοπον.
κόραξ -ακος raven.
κορασίον -ου *dim.* ; κόρα. damsel.
Κορβᾶν *und.* Κορβανᾶς -ᾶ Corban, *Hebrew word signifying* gift, sacred treasury.
κορέννυμι ; κορέω. κορέσω, κεκόρεκα, κεκόρεσμαι satisfy.
Κορίνθιος -α -ον ; Κόρινθος. *Corinth.* Corinthian.
Κόρινθος -ου f. Corinth, a celebrated city on the Isthmus which joined Peloponnesus to Northern Greece.
Κορνήλιος -ου. *Lat.* Cornelius.
Κόρος -ου Corus, a Jewish measure equal to 30 bushels.
κοσμέω ; κόσμος. κοσμήσω, κεκόσμηκα, κεκόσμημαι order, arrange, adorn.
κόσμος -μου ornament, world.
κοῦμι *Heb.* rise thou.
κουστωδία -ας ; "custodia" *Lat.* custody.
κουφίζω ; κοῦφος *light.* κουφίσω, κεκούφικα, κεκούφισμαι lighten.
κόφινος -ου basket.
κράββατος -ου bed.

κράζω, κράξω, κέκρᾱγα cry aloud.
κραιπάλη -ης surfeit.
κρᾱνίον -ου dim. ; κάρᾱ head. skull.
ράσπεδον -ου fringe.
ραταιόω ; κραταιὸς strong ; κράτος. κραταιώσω, κεκραταίωκα, κεκραταίωμαι. strengthen.
κρατέω ; κράτος. κρατήσω, κεκράτηκα, κεκράτημαι master, lay hold of.
κράτιστος -τη -τον ; κράτος. most powerful.
κράτος -εος might, power.
κραυγάζω ; κραυγὴ. κραυγάσω, κεκραύγακα cry out.
κραυγὴ -γῆς cry.
κρεμάω, κρεμάννῡμι. κρεμάσω, κεκρέμακα, κεκρέμασμαι hang.
κρημνὸς -νοῦ precipice.
Κρὴς -τὸς Cretan.
Κρήτη -ης Crete, an island at the S. of the Ægean.
κρίθινος -η -ον ; κρῑθὴ barley. of barley.
κρίμα -ματος ; κρίνω. judgement, sentence.
κρίνον -ου lily.
κρίνω, κρινῶ, κέκρικα, κέκριμαι sift, separate, judge.
κρίσις -εως ; κρίνω. separating, judging, judgement.
Κρίσπος -ου Lat. Crispus.
κριτὴς -οῦ ; κρίνω. judge.
κρούω, κρούσω, κέκρουκα, κέκρουσμαι knock.
κρυπτὸς -τὴ -τὸν ; κρύπτω. hidden.
κρύπτω, κρύψω, κέκρυφα, κέκρυμμαι hide. 2 a. ἔκρυβον.
κτάομαι, κτήσομαι, κέκτημαι acquire, possess.
κτῆμα -ματος ; κτάομαι. possession.
κτῆνος -νεος beast of burden.
κτήτωρ -τορος ; κτάομαι acquire. possessor.
κτίζω, κτίσω, ἔκτικα, ἔκτισμαι create.
κτίσις -εως ; κτίζω. creation.
κυβερνήτης -του ; κυβερνάω steer. steersman, pilot.
κύκλος -ου circle, round.
κυκλόω ; κύκλος. κυκλώσω, κεκύκλωκα, κεκύκλωμαι encircle.

κυλίω, κυλίσω, κεκύλικα, κεκύλισμαι roll.
κυλλός -λή -λόν maimed.
κῦμα -ματος wave.
κύμῖνον -ου cummin.
κυνάριον -ου dim. ; κύων. dog.
Κύπριος -α -ον ; Κύπρος. of Cyprus.
Κύπρος -ου f. Cyprus, a large island at the extreme E. of the Mediterranean.
κύπτω, κύψω, κέκυφα stoop.
Κῡρηναῖος -α -ον ; Κῡρήνη Cyrēne. 1. A most celebrated city of Africa. 2. A city of Palestine. of Cyrene.
Κυρήνιος -ου Cyrenius or Quirinius, a Roman governor of Syria.
κυριεύω ; κύριος. κυριεύσω, κεκυρίευκα act as lord.
Κύριος -ου ; κῦρος authority. Lord.
κύων, κυνός m. f. dog.
κωλύω, κωλύσω, κεκώλυκα, κεκώλυμαι hinder, forbid.
κώμη -μης village, town.
κωμόπολις -εως f. : κώμη, πόλις city. town.
κώνωψ -νωπος m. f. gnat.
Κῶς, Κῶ acc. Κῶ or Κῶν f. Coos or Cos, an island of the Ægean near Caria.
Κωσὰμ m. Heb. und. Cosam, of the family of David.
κωφὸς -ή -όν destitute of sense, deaf, dumb.

Λ.

λαγχάνω, λαχέω. λήξω, εἴληχα, λέλογχα cast lot, obtain lot. 2 a. ἔλαχον.
Λάζαρος -ου Lazarus. 1. The brother of Mary and Martha, raised by our Saviour from the dead. 2. A character in one of our Saviour's parables.
λάθρᾱ privately.
λαίλαψ -λαπος f. whirlwind, storm.
λακέω, λακήσω, λελάκηκα. burst.

λακτίζω ; λὰξ *with the heel.* λακτίσω, λελάκτικα kick.
λαλέω ; λαλὸs *loquacious.* λαλήσω, λελάληκα, λελάλημαι speak.
λαλιά -ᾶs ; λαλὸs *loquacious.* speech.
λαμᾶ *Heb.* why.
λαμβάνω, λήβω. λήψομαι, εἴληφα, εἴλημμαι take. 2 *a.* ἔλαβον.
Λάμεχ m. *Heb. und.* Lamech, father of Noah.
λαμπὰs -άδοs ; λάμπω. lamp, torch.
λαμπρὸs -ὰ -ὸν ; λάμπω. shining.
λαμπρότηs -τητος ; λαμπρὸs *shining.* brightness.
λαμπρῶs ; λαμπρὸs. splendidly.
λάμπω, λάμψω, λέλαμφα shine.
λανθάνω, λήθω. λήσω, λέληθα, λέλησμαι lie hid. 2 *a.* ἔλαθον.
λαξευτὸs -τὴ -τὸν ; λαξεύω *hew stone* ; λᾶs. of hewn stone.
λαὸs -οῦ people.
Λασαία -as. Lasaia, a seaport of Crete.
λᾱτομέω ; λατόμος : λᾶs *stone,* τόμος ; τέμνω *cut.* λατομήσω, λελατόμηκα, λελατόμημαι cut out of stone.
λατρεία -as ; λατρεύω. service.
λατρεύω, λατρεύσω, λελάτρευκα serve.
λάχανον -ου herb.
Λεββαῖος -ου Lebbæus, a surname of the Apostle Jude, who was also called Thaddeus.
λεγεὼν -ῶνος m. f. "legio" *Lat.* legion.
λέγω, λέξω, λέλογα, λέλεγμαι speak, say, tell.
λεῖος -a -ον smooth.
λείπω, λείψω, λέλοιπα, λέλειμμαι leave. *intr.* fail.
λειτουργέω ; λειτουργὸs *minister* : λεῖτος or λῆιτος *public*, ἐργὸs ; ἔργον *work.* λειτουργήσω, λελειτούργηκα minister.
λειτουργία -as ; λειτουργὸs *minister.* ministry.
λέντιον -ου ; "linteum" *Lat.* linen.
λεπὶs -ίδος ; λέπω *peel.* scale.
λέπρα -pas ; λέποs *bark of a tree.* leprosy.

λεπρὸς -ὰ -ὸν ; λέπος bark of a tree. rough, leprous.
λεπτὺς -τὴ -τὸν ; λέπω strip the bark. thin. λεπτὸν i. e νόμισμα thin coin, mite.
Λευὶ m. und. Λευίς, Λευὶν Heb. joined. Levi. 1. The third son of Jacob. 2. The name of two Jews of the family of David. 3. The apostle Matthew.
Λευΐτης -του ; Λευὶ. Levite, of the family of Levi.
λευκαίνω ; λευκὺς. λευκανῶ, λελεύκαγκα, λελεύκαμμαι whiten.
λευκὸς -κὴ -κὸν white.
ληνὸς -νοῦ wine-press.
λῆρος -ρου trifle.
λῃστὴς -τοῦ ; λῄζω spoil ; λεία prey. robber.
λίᾱν very.
λίβανος -ου frankincense-tree, frankincense.
Λιβερτῖνος -ου ; Libertines, people of Libertum, a town in Africa near Cyrene. or libertini, manumitted Roman slaves become proselytes to Judaism.
Λιβύα -ας Libya, a region of Africa to the W. of Egypt.
λιθάζω ; λίθος. λιθάσω, λελίθακα, λελίθασμαι stone.
λιθινὸς -ὴ -ὸν ; λίθος. of stone.
λιθοβολέω ; λιθοβόλος : λίθος, βύλος ; βάλλω. λιθοβυλήσω, λελιθοβόληκα. λελιθοβόλημαι attack with stones.
λίθος -ου m. f. stone.
λιθόστρωτος -ον : λίθος, στρωτὸς ; στρώω strew. paved with stone.
λικμάω ; λικμὸς winnowing machine. λικμήσω, λελίκμηκα, λελίκμημαι winnow, scatter as chaff.
λιμὴν -ένος harbour.
λίμνη -νης lake.
λιμὸς -μοῦ m. f. famine.
λίνον -ου flax.
λίτρα -ας pound.
Λὶψ, Λιβὸς m. Libs, S.W. wind.
λογίζω ; λόγος. λογίσω, λελόγικα, λελόγισμαι reckon.

λόγιον -ου ; λόγος *speech.* divine oracle.
λόγιος -α -ον ; λόγος. endued with speech, eloquent.
λόγος -ου ; λέγω. word, speech, reason, account.
λόγχη -χης point of spear, lance.
λοιδορέω ; λοίδορος *reviler.* λοιδορήσω, λελοιδόρηκα, λελοιδόρημαι revile.
λοιμός -μοῦ pestilence.
λοιπός -πή -πόν ; λείπω. left, remaining.
Λουκᾶς -κᾶ Luke, one of the Seventy disciples; an Evangelist, and the writer of the Acts of the Apostles.
Λούκιος -ου *Lat.* Lucius.
λούω, λούσω, λέλουκα, λέλουμαι wash.
Λύδδα -ης Lydda, a town in the tribe of Ephraim near Joppa.
Λυδία -ας Lydia.
Λυκαονία -ας Lycaonia, an inland province at the S. of Asia Minor.
Λυκαονιστὶ ; Λυκαονία. in the Lycaonian language.
Λυκία -ας Lycia, a province on the S. coast of Asia Minor between Caria and Pamphylia.
λύκος -ου wolf.
λυμαίνω ; λύμη *injury.* λυμανῶ, λελύμαγκα injure, waste.
λῡπέω ; λύπη. λυπήσω, λελύπηκα, λελύπημαι grieve.
λύπη -πης grief.
Λυσανίας -ου Lysanias, Tetrarch of Abilene.
Λυσίας -ου Lysias, a Roman governor of Jerusalem.
λυσιτελέω ; λυσιτελὴς *profitable* : λύσις ; λύω *pay*, τέλης ; τέλος *tribute.* λυσιτελήσω, λελυσιτέληκα pay tribute, profit.
Λύστρα -ας -α ; Λύστρα -τρων. Lystra, a city of Lycaonia.
λύτρον -ου ; λύω *loose.* ransom.
λυτρόω ; λύτρον. λυτρώσω, λελύτρωκα, λελύτρωμαι redeem.
λύτρωσις -εως ; λυτρόω. redemption.
λυτρωτὴς -τοῦ ; λυτρόω. redeemer.
λυχνία -ας ; λύχνος. candlestick.

λύχνος -νου candle, torch.
λύω, λύσω, λέλυκα, λέλυμαι loose.
Λὼτ m. *Heb. und.* Lot, son of Haran the brother of Abraham.

M.

Μαὰθ m. *Heb. und.* Maath, of the family of David.
Μαγδαλὰ f. *Heb. und.* Magdala, a place near Capernaum in the district of the Gadarenes.
Μαγδαληνὸς -νὴ -νὸν ; Μαγδαλὰ. of Magdala.
μαγεία -ας ; μάγος *magician.* sorcery.
μαγεύω : μάγος *magician.* μαγεύσω. practise magic.
μάγος -ου an Eastern philosopher, magician.
Μαδιὰν Madian *or* Midian, a country on the E. side of the Red Sea.
μαθητεύω ; μαθητὴς. μαθητεύσω, μεμαθήτευκα, μεμαθήτευμαι am disciple, make disciple.
μαθητὴς -τοῦ ; μανθάνω, μαθέω *learn.* disciple.
μαθητρία -ας ; μαθέω *fem.* disciple.
Μαθουσάλα m. *Heb. und.* Mathusala, grandfather of Noah.
Μαινὰν m. *Heb. und.* Mainan, of the family of David.
μαίνομαι ; μάνος *raging.* μανοῦμαι, μέμηνα am mad.
μακαρίζω ; μάκαρ *blessed.* μακαρίσω, μακαριῶ, μεμακάρικα, μεμακάρισμαι call blessed.
μακάριος -α -ον ; μάκαρ. blessed.
Μακεδονία -ας ; Μακεδὼν. Macedonia, a region of Greece at the N. of Thessaly.
Μακεδὼν -όνος Macedonian.
μακρόθεν ; μακρὸς. from far.
μακροθυμέω ; μακρόθυμος : μακρὸς *long,* θυμὸς *mind.* μακροθυμήσω, μεμακροθύμηκα suffer long.
μακροθύμως ; μακρόθυμος *patient.* patiently.
μακρὸς -ὰ -ὸν long. μακρὰν i. e. ὁδὸν far.
μαλακία -ας ; μαλακὸς. softness, infirmity.

μαλακός -ή -όν ; μαλάσσω *soften.* soft.
Μαλαλεήλ m. *Heb. und.* Malaleel, a descendant of Seth.
μάλιστα ; μάλα *very.* most.
μᾶλλον ; μάλα *very.* more, rather.
Μάλχος -ου Malchus, a servant of the high-priest, whose ear was cut off by Peter.
μαμμωνᾶς -νᾶ mammon, *a Syrian word signifying* riches.
Μαναήν *Heb. und.* Manaen, a Christian foster-brother to Herod Antipas.
Μανασσῆς -ῆ *Heb. forgot.* 1. eldest son of Joseph. 2. 13th king of Judah, son of Hezekiah.
μανθάνω, μαθέω, μαθήσω, μεμάθηκα, μεμάθημαι learn.
μανία -ας ; μανὸς *raging.* madness.
μάννα n. *Heb. und.* manna, the food with which the Israelites were fed in the Wilderness.
μαντεύομαι ; μάντις *diviner.* μαντεύσομαι, μεμάντευμαι. divine.
μαργαρίτης -του ; μάργαρον. pearl.
Μάρθα f. *Heb. und.* Martha, sister of Lazarus.
Μαρία -ας, Μαριὰμ *und.* Mary. 1. The Mother of Jesus. 2. A Woman of Magdala. 3. Sister of Lazarus and Martha. 4. Mother of James and John, sister of Mary the mother of Jesus. 5. Wife of Cleophas.
Μάρκος -ου *Lat.* Marcus. Mark, the surname of John, nephew to St. Barnabas, companion to him and St. Paul in their first journey.
μάρτυρ -τυρος, -τυς -τυος witness.
μαρτυρέω, μαρτύρω ; μάρτυρ. μαρτυρήσω, μεμαρτύρηκα, μεμαρτύρημαι testify.
μαρτυρία -ας, -ον -ου ; μάρτυρ. testimony.
μαστῖγόω ; μάστιξ. μαστιγώσω, μεμαστίγωκα, μεμαστίγωμαι scourge.
μαστίζω ; μάστιξ. μαστίξω, μεμάστιχα, μεμάστιγμαι scourge.
μάστιξ -τῑγος f. scourge.
μαστὸς -τοῦ pap.

μάταιος -αία, αιον ; μάτην. vain.
μάτην in vain.
Ματθαῖος -ου Matthew, called also Levi, an Apostle and Evangelist, son of Alphæus ; before his conversion to Christianity a collector of imposts.
Ματθὰν m. *Heb. und.* Matthan, of the family of David.
Ματθὰτ m. *Heb. und.* Matthat, two of the name, of the family of David.
Ματθίας -α *Heb. gift of God.* Matthias, successor of Judas in the Apostleship.
Ματταθὰ m. *Heb. und.* Mattatha, grandson of David.
Ματταθίας -ου Mattathias, two of the name, of the family of David.
μάχαιρα -ρας sword.
μάχομαι, μαχήσομαι, -έσομαι, -οῦμαι, μεμάχημαι fight.
μεγαλεῖος -α -ον ; μέγας great. magnificent.
μεγαλειότης -ότητος ; μεγαλεῖος. majesty.
μεγαλύνω ; μέγας. μεγαλυνῶ, μεμεγάλυγκα, μεμεγάλυμμαι magnify.
μέγας m. μέγα n. μέγας m. great. *all other cases from* μέγαλος, μεγάλη.
μεγιστᾶνες -ων ; μέγιστος greatest. great men.
μεθερμηνεύω : μετὰ beyond, ἑρμηνεύω interpret. μεθερμηνεύσω, μεθηρμήνευκα, μεθηρμήνευμαι interpret.
μέθη -ης drunkenness.
μεθίστημι, -ιστάω, -ιστάνω : μετὰ beyond, ἵστημι place. μεταστήσω, μεθέστηκα remove *tr.* depart *intr.*
μεθόριος -α -ον : μετὰ beyond, ὅριος ; ὅρος boundary. beyond the boundary. μεθόρια i. e. μέρη confines.
μεθύσκω, μεθύω ; μέθυ wine. μεθύσω, μεμέθυκα, μεμέθυσμαι fill with wine.
μείζων -ον ; μέγας. greater.
μέλας, μέλαινα, μέλαν, -ανος -αίνης -ανος black.
Μελεᾶς -ᾶ Melea, a Jew of the family of David.
μελετάω ; μελέτη exercise, care. μελετήσω, μεμελέτηκα, μεμελέτημαι practise, make preparation.

μέλι -ιτος n. honey.
μελίσσιος -α -ον ; μέλι. of honey.
Μελίτη '-ης Melita, now Malta, an island in the Mediterranean, south of Sicily.
μέλλω, μελλήσω, μεμέλληκα delay, am about to.
μέλος, μέρος -εος part of the body, member.
Μελχὶ m. Heb. und. Melchi, of the family of David.
μέλω, μέλομαι have care. *in the active only the 3rd person is used.* μέλει, μελήσει, μεμέληκε, μέμηλε.
μέμφομαι, μέμψομαι, μέμομφα complain, blame.
μὲν on one hand, indeed.
μενοῦνγε : μὲν, οὖν, γε assuredly however, notwithstanding.
μέντοι : μὲν, τοι I tell thee. however.
μένω, μενῶ, μεμένηκα remain, abide.
μερίζω ; μέρος. μερίσω, μεμέρικα, μεμέρισμαι share, divide.
μέριμνα -νης care, anxiety.
μεριμνάω ; μέριμνα. μεριμνήσω, μεμερίμνηκα feel anxiety, take care.
μερὶς -ίδος portion.
μεριστὴς -τοῦ ; μερίζω divide. divider.
μέρος -εος part.
μεσημβρία -ας : μέσος middle. ἡμέριος daily.
μεσονύκτιος -ον : μέσος middle, νύκτιος ; νὺξ night. neut. *used Subst. without μέρος.* midnight.
Μεσοποταμία -ας : μέσος, ποταμια ; πόταμος river. country between the rivers, i. e. Tigris and Euphrates. Mesopotamia.
μέσος -η -ον middle.
μεσόω ; μέσος. μεσώσω, μεμέσωκα am at the middle.
Μεσσίας -ου Messiah ; *derived from the Hebrew, signifying " anointed."*
μεστὸς -τὴ -τὸν full.
μεστόω ; μεστὸς full. μεστώσω, μεμέστωκα, μεμέστωμαι fill.

I

μετά Pr. *gen.* with, among, *acc.* after. *comp.* over, beyond, *implying* change.

μεταβαίνω : μετά *beyond,* βαίνω ; βάω *go.* μεταβήσομαι, μεταβέβηκα go over, depart. 2 *a.* μετέβην.

μεταβάλλω : μετά *impl. change,* βάλλω *cast.* μεταβαλῶ, μεταβέβληκα, μεταβέβλημαι. change.

μεταδίδωμι : μετά *among,* δίδωμι ; δόω *give.* μεταδώσω, μεταδέδωκα, μεταδέδομαι impart, communicate.

μεταίρω : μετά *impl. change,* αἴρω *raise.* μεταρῶ, μετῆρκα, μετῆρμαι remove *tr.* depart *intr.*

μετακαλέω : μετά *impl. change,* καλέω *call.* μετακαλέσω, μετακέκληκα, μετακέκλημαι call away.

μεταλαμβάνω : μετά *with,* λαμβάνω *take.* μεταλήψομαι, μετείληφα, μετείλημμαι partake.

μεταμέλομαι -έομαι : μετά *after,* μέλομαι *care.* μεταμελήσομαι, μεταμεληθήσομαι, μεταμεμέλημαι repent.

μεταμορφόω : μετά *impl. change,* μορφόω ; μορφὴ *form,* μεταμορφώσω, μεταμεμόρφωκα, μεταμεμόρφωμαι change form, transfigure.

μετανοέω : μετά *implying change,* νοέω ; νόος *mind.* μετανοήσω, μετανενόηκα repent.

μετάνοια -ας : μετά *implying change,* νοία ; νόος. repentance.

μεταξὺ Adv. *gen.* between.

μεταπέμπω : μετά *after,* πέμπω *send,* μεταπέμψω, μεταπέπομφα, μεταπέπεμμαι send away. *mid.* send for.

μεταστρέφω : μετά *impl. change,* στρέφω *turn.* μεταστρέψω, μετέστροφα, μετέστραμμαι. 2 fut. μεταστραφήσομαι convert.

μετατίθημι : μετά *impl. change,* τίθημι *place.* μεταθήσω, μετατέθεικα, μετατέθεμαι remove.

μετεωρίζω ; μετέωρος *on high,* μετεωρίσω keep in suspense, *metaphor taken from a ship tossed on the deep.*

μετοικεσία -ας ; μετοικέω *migrate.* sojourning abroad.

μετοικίζω : μετά *impl. change,* οἰκίζω *settle* ; οἶκος dwelling. μετοικίσω, μετῴκικα, μετῴκισμαι change dwelling, remove.

μέτοχος -ον ; μετέχω *share*. partner.

μετρέω ; μέτρον. μετρήσω, μεμέτρηκα, μεμέτρημαι measure.

μετρητής -τοῦ ; μετρέω. measurer, firkin.

μετρίως ; μέτριος *moderate* ; μέτρον. moderately.

μέτρον -ου measure.

μέχρι, μέχρις *before a vowel*. Adv. *gen*. until.

μή not.

μηδαμῶς ; μηδαμὸς *none* ; μηδὲ *not even*, ἁμὸς *any*. by no means.

μηδὲ : μὴ *not*, δὲ *on the other hand*. nor, not even.

μηδείς, μηδεμία, μηδέν : μηδὲ *not even*, εἷς *one*. none.

Μῆδος -ου ; *Madai Heb.* 3rd son of Japhet. Mede.

μηκέτι : μὴ *not*, ἔτι *any longer*. no longer.

μηκύ'νω ; μῆκος *length*. μηκυνῶ, μεμήκυγκα, μεμήκυμμαι lengthen.

μήν, μηνὸς m. month.

μηνύ'ω, μηνύσω, μεμήνυκα, μεμήνυμαι point out.

μήτε : μὴ *not*, τε *and*. neither, not.

μήτηρ -τέρος mother.

μήτις : μὴ *not*, τις *any* : no one. *used interrogatively, when negation is implied*. is any? does any?

μήτρα -ας womb.

μιαίνω, μιανῶ, μεμίαγκα, μεμίαμμαι pollute.

μίγμα -ματος ; μίγω *mix*. mixture.

μίγνῡμι, μιγνύω ; μίγω. μίξω, μέμιχα, μέμιγμαι mix.

μῑκρὸς -ὰ -ὸν little.

Μίλητος -ου f. Miletus, a celebrated city on the sea-coast of Caria.

μίλιον -ου ; millĕ *thousand*. mile, 1000 paces.

μῑσέω : μῖσος *hatred*. μισήσω, μεμίσηκα, μεμίσημαι hate.

μίσθιος -α -ον ; μισθὸς. hired.

μισθὸς -θοῦ hire.

μισθόω ; μισθὸς. μισθώσω, μεμίσθωκα, μεμίσθωμαι. let out *act.* hire *mid.*

μίσθωμα -ματος ; μισθόω. thing hired, lodging.
μισθωτός -ή -όν ; μισθόω. hireling.
Μιτυλήνη -ης Mitylene, the chief city of Lesbos.
μνάα -ας, μνᾶ -ᾶς mina, *an Attic coin equal to* 100 *drachmæ*=3*l*. 4*s*. 7*d*.
Μνάσων -ωνος Mnason.
μνάω, μιμνήσκω. μνήσω, μέμνηκα, μέμνημαι remind *act.* remember *mid. gen.*
μνῆμα -ματος, μνημεῖον -ου ; μνάω. monument, memorial.
μνημονεύω ; μνήμων mindful. μνημονεύσω, μεμνημόνευκα, μεμνημόνευμαι remember *gen.* mention *acc.*
μνημόσυνον -ου ; μνήμων mindful. memorial.
μνηστεύω ; μνηστός ; μνάομαι woo. μνηστεύσω, μεμνήστευκα, μεμνήστευμαι betroth in marriage.
μογιλάλος -ον : μόγις, λάλος speaking. nearly dumb.
μόγις ; μόγος labor. with difficulty, rarely.
μόδιος -ου bushel.
μοιχαλὶς -ίδος ; μοιχὸς adulterer. adulterous.
μοιχάομαι ; μοιχὸς. μοιχήσομαι, μεμοίχημαι. commit adultery.
μοιχεία -ας ; μοιχὸς. adultery.
μοιχεύω ; μοιχὸς. μοιχεύσω, μεμοίχευκα commit adultery.
μοιχὸς -οῦ adulterer.
μόλις ; μόγος labor. scarcely, with difficulty.
Μολὸχ *Heb. und. king.* Moloch, a deity of the Ammonites to whom human sacrifices were sometimes offered.
μονὴ -ῆς ; μένω abide. mansion, abode.
μονογενὴς -ές : μόνος only, γενὴς ; γένος birth. only, only-begotten.
μόνος -η -ον only, alone. μόνον *Adv.* only.
μονόφθαλμος -μου : μόνος, ὀφθαλμὸς eye. with one eye.
μορφὴ -φῆς form.
μοσχοποιέω : μόσχος calf, ποιέω make. μοσχοποιήσω make a calf.
μόσχος -χου calf.
μυλικὸς -ὴ -ὸν ; μύλος. grinding.

μύλος -ου the upper mill-stone.
μυλών -ώνος ; μύλος. mill.
Μύρα -ων Myra, a town of Lycia.
μυριάς -άδος ; μύριοι. myriad.
μυρίζω ; μῦρον. μυρίσω, μεμύρικα, μεμύρισμαι anoint.
μύριοι -αι -α ten thousand.
μῦρον -ου aromatic ointment.
Μυσία -ας Mysia, a province at the N.W. of Asia Minor.
μυστήριον -ου ; μυστός ; μύω shut. mystery, a doctrine that is, or was, concealed.
μωραίνω ; μωρὸς foolish. μωρανῶ, μεμώραγκα, μεμώραμμαι render foolish, insipid.
μωρὸς -ὰ -ὸν foolish.
Μωσῆς, -Μωυσῆς -οῦ. -σεὺς -σέως ; μωὺ water. Egyptian word. Moses, the legislator of the Jews.

N.

Ναασσὼν m. Heb. und. Naasson, a descendant of Juda.
Ναγγαὶ m. Heb. und. Naggai, of the family of David.
Ναζαρὲθ -ὲτ f. Heb. und. Nazareth, a city of Galilee, in which Joseph and Mary lived.
Ναζαρηνὸς, Ναζωραῖος -ου ; Ναζαρὲτ. Nazarene.
Ναθὰν m. Heb. und. a son of David.
Ναθαναὴλ m. Heb. und. Nathanael, the same as Bartholomew, one of the Twelve.
ναὶ yea, verily.
Ναὶν f. Heb. und. Nain, a town of Galilee.
ναὸς -οῦ temple.
Ναοὺμ m. Heb. und. Naum, a Jew of the family of David.
νάρδος -ου m. nard. *a root or shrub from which a precious ointment was extracted*. f. the ointment extracted from it.
ναύκληρος -ου : ναῦς *ship*, κλῆρος *possession*. shipmaster.

ναῦς, ναὸς. νῆυς, νηὸς ; νάω float. ship.
ναύτης -ου ; ναῦς ship. sailor.
Ναχὼρ Heb. und. Nachor, brother to Abraham.
νεανίας -ου ; νέος young. young man.
νεάνισκος -κου ; νεανίας. young man.
Νεάπολις -εως -εος : νέα new, πόλις city. Neapolis, a city of Macedonia, opposite Thasos.
Νεεμὰν m. Heb. und. Naaman, a Syrian general, healed of leprosy by bathing in the river Jordan.
νεκρὸς -ά -ὸν dead.
νέος -α -ον new.
νεοσσὸς -σοῦ ; νέος. young animal.
νεότης -ητος ; νέος. youth.
νεύω, νεύσω, νένευκα nod.
νεφέλη -ης ; νέφος. cloud.
Νεφθαλείμ m. Heb. wrestling. Naphthali, Jacob's sixth son.
νεωκόρος -ου : νεὼς temple, κόρος ; κορέω sweep. temple-sweeper, worshipper.
νήθω, νέω. νήσω, νένηκα, νένημαι spin.
νήπιος -ον : νὴ not, ἔπιος ; ἔπος word. infant.
Νηρὶ m. Heb. und. Neri, a Jew of the family of David.
νησίον -ου ; νῆσος. islet, small island.
νῆσος -ου f. ; νέω float. island.
νηστεία -ας ; νῆστις. fasting.
νηστεύω ; νῆστις. νηστεύσω, νενήστευκα fast.
νῆστις -τι -τεες -τεις : νὴ not, ἔστις ; ἔδω eat. fasting.
Νίγερ und. Lat. Niger.
Νικάνωρ -ορος : νίκη victory, ἀνὴρ man. Nicanor, one of the seven deacons.
νῑκάω ; νίκη victory. νῑκήσω, νενίκηκα, νενίκημαι conquer.
Νικόδημος -μου : νῖκος, δῆμος people. Nicodemus, a Pharisee who visited Jesus by night.
Νικόλαος -ου : νῖκος victory, λαὸς people. Nicolaus or Nicolas, one of the seven deacons.
νῖκος -κεος victory.

Νινευὶ f. *Heb. und.* Nineveh, the metropolis of Assyria.
Νινευΐτης -του ; Νινευὶ. man of Nineveh.
νιπτήρ -τῆρος ; νίπτω. bason.
νίπτω, νίψω, νένιφα, νένιμμαι wash hands, *or* feet.
νοέω ; νόος. νοήσω, νενόηκα, νενόημαι observe, understand.
νομὴ -ῆς ; νέμω *feed.* pasture.
νομίζω ; νόμος *law.* νομίσω, νενόμικα, νενόμισμαι establish by law, think.
νομικὸς -οῦ ; νόμος *law.* lawyer, expounder and interpreter of the Mosaic law.
νόμισμα -ματος ; νομίζω *establish by law.* custom, coin.
νομοδιδάσκαλος -ου : νόμος, διδάσκαλος. teacher of law.
νόμος -ου ; νέμω *distribute.* law.
νόσημα -ματος ; νοσέω ; νόσος. disease.
νόσος -ου f. disease.
νοσσιὰ, νεοσσιὰ -ᾶς ; νεοσσὸς *young animal.* brood.
νοσσίον, νεοσσίον -ου *dim.* ; νεοσσὺς. chicken.
νοσφίζω ; νόσφι *apart.* νοσφίσω, νενόσφικα, νενόσφισμαι reserve, keep back.
νότος -ου South wind.
νουθετέω : νοῦς *mind*, θετέω ; θέω *obs. place.* νουθετήσω, νενουθέτηκα. remind, admonish.
νουνεχῶς ; νουνεχὴς *prudent.* prudently.
νοῦς, νόος, νοῦ mind.
νύμφη -φης bride, daughter-in-law.
νυμφίος -ου ; νύμφη. bridegroom.
νυμφὼν -ῶνος m. ; νύμφη. chamber of the bride.
νῦν now.
νὺξ, νυκτὸς f. night.
νυστάζω ; νεύω. νυστάξω, νενύσταχα nod, inclining to sleep.
νύττω, νύξω, νένυχα, νένυγμαι pierce.
Νῶε m. *Heb. und.* Noah, a just man saved at the time of the universal deluge in the ark, with his wife, his three sons, and their wives.

Ξ.

ξενία -ας ; ξένος. hospitality.
ξενίζω ; ξένος. ξενίσω, ἐξένικα, ἐξένισμαι entertain.
ξένος -ου stranger, host, guest.
ξέστης -του ; ξέω polish. polished vessel.
ξηραίνω ; ξηρός. ξηρανῶ, ἐξήραγκα, ἐξήραμμαι dry up.
ξηρὸς -ρὰ -ρὸν dry.
ξύλον -ου wood.
ξυράω : ξυρὸς razor ; ξύω scrape. ξυρήσω, ἐξύρηκα, ἐξύρημαι shave.

Ο.

ὁ, ἡ, τὸ the.
ὀγδοήκοντα ; ὀκτὼ eight, ἤκοντα ten. eighty.
ὄγδοος -η -ον ; ὀκτώ. eighth.
ὅδε, ἥδε, τόδε ; ὁ the, δὲ. this.
ὁδεύω ; ὁδός. ὁδεύσω, ὥδευκα journey.
ὁδηγέω ; ὁδηγὸς. ὁδηγήσω, ὡδήγηκα, ὡδήγημαι guide in the way.
ὁδηγὸς -γοῦ : ὁδὸς, ἡγὸς ; ἄγω lead. guide.
ὁδοιπορέω ; ὁδοιπόρος wayfarer. ὁδοιπορήσω, ᾡδοιπόρηκα travel.
ὁδοιπορία -ας ; ὁδοιπόρος : ὁδὸς, πόρος pass. journeying.
ὁδὸς -οῦ f. way.
ὁδοὺς, ὁδόντος m. tooth.
ὀδυνάω ; ὀδύνη pain. ὀδυνήσω, ὠδύνηκα, ὠδύνημαι pain.
ὀδυρμὸς -μοῦ ; ὀδύρομαι lament. lamentation.
'Οζίας -ου Uzziah, ninth king of Juda, also called Azariah.
ὄζω, ὀζέω. ὀζήσω -έσω. ὤζηκα, ὦκα. ὄδωδα. smell.
ὅθεν ; ὃς who. whence, from which.
ὀθόνη -ης linen-sheet.
ὀθόνιον -ου ; ὀθόνη linen. linen-napkin.

οἰκέτης -ου ; οἶκος. domestic.
οἰκέω ; οἶκος. οἰκήσω, ᾤκηκα, ᾤκημαι inhabit. οἰκουμένη i. e. γῇ inhabited world.
οἴκημα -ματος ; οἰκέω inhabit. house.
οἰκία -ας ; οἶκος. house.
οἰκιακὸς -οῦ ; οἰκία. of the household.
οἰκοδεσπότης -ου : οἶκος, δεσπότης master. master of house.
οἰκοδομέω ; οἰκόδομος : οἶκος, δόμος ; δέμω build. οἰκοδομήσω, ᾠκοδόμηκα, ᾠκοδόμημαι build.
οἰκοδομὴ -ῆς ; οἰκοδομέω. building.
οἰκονομέω ; οἰκονόμος. οἰκονομήσω, ᾠκονόμηκα am steward.
οἰκονομία -ας ; οἰκονόμος. stewardship.
οἰκονόμος -ου : οἶκος, νόμος ; νέμω regulate. steward.
οἶκος -κου house.
οἰκτίρμων -μον ; οἰκτείρω ; οἶκτος pity. merciful.
οἴομαι, οἶμαι, οἰήσομαι, ᾤημαι. suppose.
οἰνοπότης -ου : οἶνος, πότης ; πόω drink. wine-drinker.
οἶνος -νου wine.
οἷος -α -ον ; ὅς. of which kind, as.
οἴω, bear. See φέρω.
ὀκνέω ; ὄκνος sloth. ὀκνήσω, ὤκνηκα. delay.
ὀκνηρὸς -ρὰ -ρὸν ; ὄκνος sloth. slothful.
ὀκτώ und. eight.
ὀλιγόπιστος -ον : ὀλίγος. πιστὸς faithful. of little faith.
ὀλίγος -η -ον little.
ὁλοκαύτωμα -ματος ; ὁλοκαυτόω ; ὁλόκαυτος : ὅλος, καυτὸς ; καίω burn. holocaust, burnt-offering.
ὁλοκληρία -ας ; ὁλόκληρος entire : ὅλος whole, κλῆρος lot. integrity, soundness.
ὅλος -η -ον whole, all.
ὅλως ; ὅλος. wholly.
ὄμβρος -ου shower of rain.
ὁμῑλέω ; ὅμῑλος company. ὁμιλήσω, ὡμίληκα, ὡμίλημαι associate.
ὄμμα -ματος ; ὄπτομαι. eye.
ὀμνύω, ὄμνῡμι ; ὀμόω. ὀμύσω, ὀμώμοκα swear.

ὁμοθυμαδὸν ; ὁμόθυμος : ὁμὸς same, θῦμος mind. with one mind.
ὁμοιάζω ; ὅμοιος like. ὁμοιάσω, ὡμοίακα am like.
ὁμοιοπαθής : ὅμοιος like, παθής suffering ; πάθος passion. of like passions.
ὅμοιος -α -ον ; ὁμὸς. like.
ὁμοιόω ; ὅμοιος. ὁμοιώσω, ὡμοίωκα, ὡμοίωμαι assimilate.
ὁμοίως ; ὅμοιος. in like manner.
ὁμολογέω ; ὁμόλογος : ὁμοῦ together, λόγος speech. ὁμολογήσω, ὡμολόγηκα, ὡμολόγημαι confess.
ὁμότεχνος -ον : ὁμὸς same. τεχνος ; τέχνη art. of same art or trade.
ὁμοῦ : ὁμὸς same. together.
ὅμως ; ὁμὸς same. nevertheless.
ὄναρ n. und. dream.
ὀνάριον -ου ; ὄνος. foal of an ass.
ὀνειδίζω ; ὄνειδος. ὀνειδίσω, ὠνείδικα, ὠνείδισμαι reproach.
ὄνειδος -δεος reproach.
ὀνικὸς -ὴ -ὸν ; ὄνος ass. moved by an ass.
ὄνομα -ματος name.
ὀνομάζω ; ὄνομα. ὀνομάσω, ὠνόμακα, ὠνόμασμαι name.
ὄνος -ου ass.
ὄντως ; ὢν ; εἰμὶ am. truly.
ὄξος -εος ; ὀξὺς sharp. vinegar.
ὄπισθεν : ὀπίσω, θεν. from behind.
ὀπίσω after.
ὅπλον -ου implement, armour.
ὁποῖος -α -ον ; ὅπος. of what kind, relative.
ὅποτε ; ὅπος. when, relative.
ὅπου ; ὅπος. where, relative.
ὀπτάνομαι ; ὕπτομαι see, show oneself.
ὀπτασία -ας ; ὕπτομαι. vision.
ὄπτομαι, ὄψομαι, ὦμμαι see.
ὀπτὸς -τὴ -τὸν ; ὀπτάω, roast. roasted.
ὅπως ; ὅπος. in which manner, that, how, relative.
ὅραμα -ματος ; ὁράω. vision.

ὅρασις -σέως ; ὁράω see. vision.
ὁράω, ὄψομαι, ὁράσω, ἑώρακα, ἑώραμαι see.
ὀργή -γῆς passion, wrath.
ὀργίζω ; ὀργή. ὀργίσω, ὤργικα, ὤργισμαι irritate.
ὀργυιά -ᾶς : ὀρέγω stretch, γυῖον limb. measure of both arms extended horizontally, i. e. about six feet, fathom.
ὀρεινός -νή -νόν ; ὄρος. mountainous.
ὀρθός -ή -όν straight, upright.
ὀρθρίζω ; ὄρθρος. ὀρθρίσω, ὤρθρικα. come early.
ὄρθριος -α -ον ; ὄρθρος. early in the morning.
ὄρθρος -ου early morn.
ὀρθῶς ; ὀρθός right. rightly.
ὁρίζω ; ὅρος boundary. ὁρίσω, ὥρικα, ὥρισμαι determine.
ὅριον -ου ; ὅρος boundary. confines, region.
ὁρκίζω ; ὅρκος. ὁρκίσω, ὥρκικα, ὥρκισμαι adjure.
ὅρκος -κου oath.
ὁρμάω ; ὁρμή impulse. ὁρμήσω, ὥρμηκα, ὥρμημαι incite trans. rush intr.
ὁρμή -ῆς ; ὅρω rush. impulse, attack.
ὄρνις -νῖθος m. f. bird, hen.
ὁροθεσία -ας ; ὁροθετέω set bound : ὅρος bound. θετέω ; θέω obs. place. limit.
ὄρος -εος mountain.
ὀρύσσω, ὀρύξω, ὀρώρυχα, ὤρυγμαι dig.
ὀρφανός -ή -όν orphan, desolate.
ὀρχέω, ὀρχήσω, ὤρχηκα, ὤρχημαι make to dance, mid. dance.
ὅς, ἥ, ὅ who, which. οὗ gen. where.
ὅσιος -α -ον holy.
ὁσιότης -ητος ; ὅσιος holy. sanctity.
ὀσμή -μῆς ; ὄζω. smell.
ὅσος -η -ον ; ὅς. as great as.
ὅσπερ, ἥπερ, ὅπερ : ὅς, περ. who, which.
ὀστέον -έου, -τοῦν -τοῦ bone.

ὅστις, ἥτις, ὅτι : ὅς, τὶς. who. *both words declined.* ὅτου *gen. Attic.* with ἕως, until, whilst.
ὀσφῦς -φύος f. loin.
ὅταν : ὅτε, ἂν. whenever. *used with subj.*
ὅτε ; ὅς. when.
ὅτι ; ὅστις. because, that.
οὐ *before Consonant,* οὐκ *before smooth Vowel,* οὐχ *before aspirated Vowel,* οὐχὶ. not.
οὐά Heb. Adv. ha!
οὐαὶ Heb. Adv. woe to.
οὐδαμῶς ; οὐδαμὸς : οὐδὲ, ἁμὸς *one.* by no means.
οὐδὲ : οὐ *not,* δὲ. neither, not even.
οὐδεὶς, οὐδεμία, οὐδὲν : οὐδὲ, εἷς *one.* none.
οὐδέποτε : οὐδὲ, πότε *ever.* never.
οὐδέπω : οὐδὲ, πω *yet.* not yet.
οὐκέτι : οὐκ, ἔτι *still.* no longer.
οὐκοῦν : οὐκ, οὖν. therefore. *interrog.*
οὖν therefore.
οὔπω : οὐ, πω *yet.* not yet.
οὐράνιος -α -ον ; οὐρανὸς. heavenly.
οὐρανόθεν : οὐρανὸς *heaven,* θε *from.* from heaven.
οὐρανὸς -οῦ heaven.
Οὐρίας -ου Uriah, the husband of Bathshebah, and one of David's Captains, put to death by his order.
οὖς, ὠτὸς n. ear.
οὐσία -ας ; ὢν ; εἰμὶ am. essence, property.
οὔτε : οὐ, τε *and.* nor, neither, not even.
οὗτος, αὕτη, τοῦτο this.
οὕτω, -τως ; οὗτος. thus.
ὀφειλέτης -ου debtor.
ὀφειλὴ -ῆς ; ὀφείλω owe. debt.
ὀφείλημα -ματος ; ὀφείλω owe. debt.
ὀφείλω, ὀφειλήσω, ὠφείληκα, ὠφείλημαι owe. ὄφελον I would, *optative.*
ὀφθαλμὸς -μοῦ eye.
ὄφις -εος -εως m. serpent.

ὀφρῦς -ύος f. brow.
ὀχλέω ; ὄχλος. ὀχλήσω, ὤχληκα, ὤχλημαι molest.
ὀχλοποιέω ; ὀχλοποιός : ὄχλος crowd. ποιὸς ; ποιέω make.
ὀχλοποιήσω, ὠχλοποίηκα. make a crowd.
ὄχλος -ου crowd.
ὀψάριον -ου dim. ; ὄψον. food, delicacy, fish.
ὀψὲ late.
ὄψιος -α -ον ; ὀψὲ. late.
ὄψις -εος ; ὄπτομαι. sight, face.
ὀψώνιον -ου ; ὄψον food. provision, soldier's allowance.

Π.

παγιδεύω ; παγίς. παγιδεύσω, πεπαγίδευκα, πεπαγίδευμαι ensnare.
παγὶς -ίδος f. noose.
πάγος -ου hill.
παθητὸς -ὸν ; παθέω suffer. capable of suffering.
παιδάριον -ου ; παῖς. little boy, girl.
παιδεύω ; παῖς. παιδεύσω, πεπαίδευκα, πεπαίδευμαι instruct, scourge.
παιδιόθεν : παιδίον, θεν. from a child.
παιδίον -ου dim. ; παῖς. little child.
παῖς, παιδὸς m. f. boy, girl, servant.
παίω, παίσω, πέπαικα, πέπαισμαι strike.
πάλαι long since, of old,
παλαιὸς -ὰ -ὸν ; πάλαι. ancient.
παλαιόω ; παλαιός. παλαιώσω, πεπαλαίωκα, πεπαλαίωμαι destroy by age.
παλιγγενεσία -ας : πάλιν, γενεσία generation. regeneration.
πάλιν again.
παμπληθεὶ Adv. : πᾶς, πλῆθος. in the whole multitude.
πάμπολυς, παμπόλλη, πάμπολυ : πᾶς, πολύς. very great.
Παμφυλία -ας : πᾶς all, φυλία ; φυλὴ tribe. Pamphylia, a maritime district of Asia Minor on the E. of Lycia.

πανδοχεῖον -ου ; πανδοχεύς, *innkeeper.* inn.
πανδοχεύς -έως : πᾶς *all,* δοχεύς ; δόχος ; δέχομαι *receive.* innkeeper.
πανοικί : πᾶς *all,* οἰκί ; οἶκος *house.* with all the house.
πανοπλία -ας ; πάνοπλος : πᾶς, ὅπλον *armour.* panoply.
πανουργία -ας ; πανοῦργος : πᾶς, ἔργον *work.* cunning.
πανταχόθεν : πανταχοῦ, θεν. from all quarters.
πανταχοῦ ; πᾶς. every where.
παντελής -ές : πᾶς, τελής ; τέλος *end.* perfect.
πάντη ; πᾶς *all.* in every direction.
πάντοθεν : πᾶς, θεν. from every side.
πάντοτε ; πᾶς. always.
πάντως ; πᾶς. altogether, by all means.
παρά beside. *Gen.* from, *dat.* with, by. *acc.* at, near, beyond, contrary to.
παραβαίνω : παρά *beyond,* βαίνω ; βάω *go.* παραβήσομαι, παραβέβηκα transgress.
παραβάλλω : παρά *beside,* βάλλω *cast.* παραβλήσω, παραβέβληκα, παραβέβλημαι compare. 2 *a.* παρέβαλον.
παραβιάζω : παρά *by,* βιάζω ; βία *force.* παραβιάσω, παραβεβίακα, παραβεβίασμαι force.
παραβολή -ῆς ; παραβάλλω. comparison, parable.
παραγγελία -ας ; παραγγέλλω *charge.* injunction, charge.
παραγγέλλω : παρά *by,* ἀγγέλλω *tell.* παραγγελῶ, παρήγγελκα, παρήγγελμαι announce, charge.
παραγίγνομαι : παρά *by,* γίγνομαι ; γενέω. *am.* παραγενήσομαι, παραγενηθήσομαι, παραγεγένημαι come near. 2 *a.* παρεγενόμην.
παράγω : παρά *by,* ἄγω *lead.* παράξω, παρῆχα, παρῆγμαι lead by *tr.* go by *intr.* 2 *a.* παρήγαγον.
παραδειγματίζω : παρά *by,* δειγματίζω : δεῖγμα ; δείκνυμι *show.* παραδειγματίσω, παραδεδειγμάτικα, παραδεδειγμάτισμαι make public example.
παράδεισος -σου paradise, garden.

παραδέχομαι : παρὰ by, δέχομαι receive. παραδέξομαι, παραδέδεγμαι receive, admit.
παραδίδωμι : παρὰ beyond, δίδωμι ; δόω give. παραδώσω, παραδέδωκα, παραδέδομαι transmit, deliver up. 1 aor. παρέδωκα.
παράδοξος -ον : παρὰ contrary to, δόξα opinion. unexpected, wonderful.
παράδοσις -εως ; παραδίδωμι. tradition.
παραθαλάσσιος -α -ον : παρὰ by, θαλάσσιος ; θάλασσα sea. by the sea.
παραθεωρέω : παρὰ beside, θεωρέω look, παραθεωρήσω, παρατεθεώρηκα, παρατεθεώρημαι. overlook.
παραινέω : παρὰ beside, αἰνέω commend, παραινέσω, παρῄνεκα, παρῄνεμαι. recommend.
παραιτέω : παρὰ by, αἰτέω ask. παραιτήσω, παρῄτηκα, παρῄτημαι beg off.
παρακαθίζω : παρὰ by, καθίζω seat. παρακαθίσω seat by tr. sit by intr.
παρακαλέω : παρὰ by, καλέω call. παρακλήσω, παρακέκληκα, παρακέκλημαι call to one, exhort, beseech, comfort.
παρακαλύπτω : παρὰ by, καλύπτω hide. παρακαλύψω, παρακεκάλυφα, παρακεκάλυμμαι conceal. 2 a. παρεκάλυβον.
παράκλησις -σεως ; παρακαλέω. consolation.
παράκλητος -του ; παρακαλέω. advocate, comforter.
παρακολουθέω : παρὰ beside, ἀκολουθέω follow. παρακολουθήσω, παρηκολούθηκα, παρηκολούθημαι follow beside, examine thoroughly.
παρακούω : παρὰ beside, ἀκούω hear. παρακούσω, παρακήκοα hear negligently, disobey.
παρακύπτω : παρὰ beside, κύπτω stoop. παρακύψω, παρακέκυφα stoop beside.
παραλαμβάνω : παρὰ from, λαμβάνω, λήβω receive. παραλήψομαι, παρείληφα, παρείλημμαι receive, take to one. 2 a. παρέλαβον.

παραλέγω : παρά *beside*, λέγω *choose*. παραλέξω, παραλέλεχα, παραλέλεγμαι. mid. sail by, coast.
παράλιος -ον : παρά *by*, άλιος ; άλς *sea*. by the sea.
παραλυτικός -όν ; παραλύω. paralytic.
παραλύω : παρά *by*, λύω *loose*. παραλύσω, παραλέλυκα, παραλέλυμαι loosen, paralyse, enervate.
παραμυθέομαι : παρά *by*, μυθέομαι ; μύθος *speech*. παραμυθήσομαι, παραμεμύθημαι console.
παρανομέω ; παράνομος *transgressor* : παρά *beyond*, νόμος *law*. παρανομήσω. transgress law.
παραπλέω : παρά *beside*, πλέω *sail*. παραπλεύσω, παραπέπλευκα. sail beside.
παραπορεύομαι : παρά *by*, πορεύομαι *go*. παραπορεύσομαι, παραπεπόρευμαι go by.
παράπτωμα -ματος ; παραπτόω : παρά *by*, πτόω *fall*. stumble, offence.
παράσημος -ον : παρά *beside*, σημος ; σήμα *sign*, having a sign. counterfeit.
παρασκευάζω : παρά *by*, σκευάζω *furnish* ; σκεύος *vessel*. παρασκευάσω, παρεσκεύακα, παρεσκεύασμαι prepare.
παρασκευή -ής : παρά *by*, σκευή *furnishing*. preparation, day preceding a sabbath, or great festival.
παρατείνω : παρά *beyond*, τείνω *stretch*. παρατενώ, παρατέτακα, παρατέταμαι. extend.
παρατηρέω : παρά *by*, τηρέω *keep*. παρατηρήσω, παρατετήρηκα, παρατετήρημαι observe.
παρατήρησις -σεως ; παρατηρέω. observation.
παρατίθημι : παρά *by*, τίθημι ; θέω *place*. παραθήσω, παρατέθεικα, παρατέθεμαι set near.
παρατυγχάνω : παρά *by*, τυγχάνω *happen*. παρατεύξομαι. 2 aor. παρέτυχον am present by chance.
παραχειμάζω : παρά *by*, χειμάζω ; χείμα, *winter*. παραχειμάσω, παρακεχείμακα. pass winter.
παραχειμασία -ας ; παραχειμάζω. wintering.
παραχρήμα : παρά *by*, χρήμα *thing*. immediately.
πάρειμι ; παρά *by*, είμί *am*. παρέσομαι. am present,

παρεκτός : παρά by, ἐκτὸς without. except. gen.
παρεμβολή -ῆς ; παρεμβάλλω throw in beside : παρά, ἐμβάλλω throw in. station for soldiers near a town, castle.
παρενέγκω : παρά beside, ἐνέγκω bear. bear on one side. 1 a. παρήνεγκα. 2 a. παρήνεγκον.
παρενοχλέω : παρά by, ἐνοχλέω ; ἐν, ὀχλέω trouble. παρενοχλήσω, παρενώχληκα. cause troublesome interference, trouble.
παρέρχομαι : παρά by, ἔρχομαι come. pass by. παρελεύσομαι, παρελήλυθα, παρῆλθον ; παρελεύθω.
παρέχω : παρά by, ἔχω hold. παρέξω. present.
παρθενία -ας ; παρθένος virgin. virginity.
παρθένος -ου f. virgin.
Πάρθος -ου. Scythian word, exile. Parthian.
παριστάνω, παρίστημι : παρά by, ἵστημι place. παραστήσω, παρέστηκα place by tr. stand by intr.
Παρμενᾶς ᾶ-. Parmenas, one of the seven deacons.
παροικέω : παρά by, οἰκέω dwell. παροικήσω, παρῴκηκα sojourn.
παροικία -ας ; πάροικος. sojourn.
πάροικος -ον : παρά by, οἶκος house. sojourning.
παροιμία -ας ; πάροιμος : παρά by, οἶμος way. proverb, obscure saying, parable.
παροίχομαι : παρά, οἴχομαι, go. παροιχήσομαι, παρῴχημαι. pass.
παρομοιάζω : παρά by, ὁμοιάζω ; ὅμοιος like. παραμοιάσω, παρωμοίακα am like.
παρόμοιος -ον ; παρά by, ὅμοιος like. nearly like.
παροξύνω : παρά by, ὀξύνω sharpen ; ὀξὺς sharp. παροξυνῶ, παρώξυγκα, παρώξυμμαι irritate.
παροξυσμὸς -μοῦ : παροξύνω. irritation.
παροτρύνω : παρά by, ὀτρύνω urge. παροτρυνῶ, παρώτρυγκα. excite.
παρουσία -ας ; παρὼν present. presence, coming.
παροψὶς -ίδος : παρά by, ὀψὶς ; ὄψον provision. platter.

παρρησία -ας : πᾶς all, ῥησία ; ῥέω speak. freedom of speech. dat. openly.
παρρησιάζομαι ; παρρησία. παρρησιάσομαι, πεπαρρησίασμαι speak freely.
πᾶς, πᾶσα, πᾶν all.
πάσχα n. Heb. 1. Passover, a festival celebrated annually by the sacrifice of a lamb, in commemoration of the night in which the angel passed over the houses of the Israelites, when he slew the first born of all the others in the land of Egypt. 2. The Paschal lamb, or supper.
πάσχω ; πάω. meet with. πείσομαι, πέπονθα ; πενθέω grieve. 2 a. ἔπαθον ; παθέω.
Πάταρα -ων. Patara, a seaport in Lycia.
πατάσσω, πατάξω, πεπάταχα, πεπάταγμαι. strike.
πατέω, πατήσω, πεπάτηκα. tread.
πατὴρ -τέρος -τρὸς ; πάω. father.
πατριά -ᾶς ; πατήρ. family.
πατριάρχης -ου : πατριὰ family, ἀρχὴ ; ἄρχω rule. ruler of a family, patriarch.
πατρὶς -ίδος ; πατήρ. land of one's father, country.
πατρῷος -ῷα -ῷον ; πατὴρ father. paternal.
Παῦλος -ου Lat. Paulus, little. Paul, 1. name taken by Saul after his conversion. 2. Surname of Sergius, proconsul of Cyprus.
παύω, παύσω, πέπαυκα, πέπαυμαι stop. mid. cease.
Πάφος -ου. f. Paphus, a celebrated city of Cyprus.
παχύνω ; παχὺς thick. παχυνῶ, πεπάχυγκα, πεπάχυμμαι make gross.
πέδη -ης ; ποὺς foot. fetter.
πεδινὸς -ὴ -ὸν ; πέδιον plain. of a plain.
πεζεύω ; πεζὸς on foot. πεζεύσω, πεπέζευκα. travel on foot.
πεζὸς -ὴ -ὸν on foot. πεζῇ i. e. ὁδῷ on land.
πειθαρχέω ; πειθαρχὸς obedient; πείθομαι obey, ἀρχὸς commander. πειθαρχήσω, πεπειθάρχηκα. obey command.

πείθω, πείσω, πέπεικα, πέπεισμαι persuade. mid. obey.
πέποιθα trust, am persuaded.
πεινάω ; πείνα hunger. πεινάσω, πεπείνακα hunger.
πειράζω, πειράω ; πείρα trial. πειράσω, πεπείρακα, πεπείρασμαι try, tempt.
πειρασμὸς -μοῦ ; πειράζω tempt. temptation.
πέλαγος -εος sea.
πέμπω, πέμψω, πέπομφα, πέπεμμαι send.
πενθερὰ -ᾶς mother-in-law, wife's mother.
πενθερὸς -οῦ father-in-law, wife's father.
πενθέω ; πένθος grief. πενθήσω, πεπένθηκα grieve.
πενιχρὸς -ὰ -ὸν ; πένης. poor.
πεντακισχῖλιοι -αι -α : πεντάκις ; πέντε, χῖλιοι thousand. five thousand.
πεντᾱκόσιοι -αι -α : πέντε, ἀκόσιοι hundred. five hundred.
πέντε five.
πεντεκαιδέκατος -η -ον : πέντε, καὶ and, δέκατος ; δέκα ten. fifteenth.
πεντήκοντα : πέντε five, ἤκοντα ten. fifty.
πεντηκοστὸς -ὴ -ὸν ; πεντήκοντα... fiftieth. πεντηκοστὴ agr. ἡμέρα om. Pentecost. fiftieth day from 2nd day of Passover, i. e. 16th of Abib.
περ at least.
πέραν beyond.
πέρας -ατος end.
Πέργη -ης Perga, the chief city of Pamphylia.
περὶ gen. above, concerning. acc. around, about.
περιάγω : περὶ around, ἄγω lead. περιάξω, περιῆχα, περιῆγμαι lead about tr. go about intr.
περιαιρέω : περὶ around, αἱρέω take. περιαιρήσω, περιῄρηκα, περιῄρημαι. 2 aor. περιεῖλον. take away.
περιαστράπτω : περὶ round, ἀστράπτω lighten. περιαστράψω, περιήστραφα, περιήστραμμαι. lighten round.
περιβάλλω : περὶ around, βάλλω cast. περιβλήσω, περιβέβληκα, περιβέβλημαι cast around. mid. clothe. 2 a. περιέβαλον.

περιβλέπω : περὶ around, βλέπω see. περιβλέψω, περιβέβλεφα, περιβέβλεμμαι look round on.
περιδέω : περὶ around, δέω bind. περιδήσω, περιδέδηκα, περιδέδεμαι bind round.
περιδραμέω : περὶ around, δραμέω run. run around. 2 a. περιέδραμον.
περίεργος -ον : περὶ above, ἔργον work. superfluous. τὰ περίεργα agr. πράγματα om. works above, or besides ordinary works, viz. curious and unprofitable.
περιέρχομαι : περὶ round, ἔρχομαι come. περιελεύσομαι, περιελήλυθα. come round.
περιέχω ; περὶ around, ἔχω have. περιέξω surround, possess. 2 a. περίεσχον ; περισχέω.
περιζωννύω, περιζώννῡμι : περὶ around, ζωννύω ; ζώω gird. περιζώσω, περιέζωκα, περιέζωσμαι gird round.
περιΐστημι : περὶ around, ἵστημι place. περιστήσω, περιέστηκα place around tr. stand around intr. περιεστὼς -τῶσα -τὼς part. p. m. περιέσταα.
περικαλύπτω : περὶ around, καλύπτω cover. περικαλύψω, περικεκάλυφα, περικεκάλυμμαι cover around.
περίκειμαι : περὶ around, κεῖμαι lie. περικείσομαι lie around.
περικρατὴς -ὲς : περὶ round, κρατὴς ; κράτος power. possessed of, able to hold.
περικρύπτω : περὶ around, κρύπτω hide. περικρύψω, περικέκρυφα, περικέκρυμμαι conceal. 2 a. περιέκρυβον.
περικυκλόω : περὶ around, κυκλόω ; κύκλος circle. περικυκλώσω, περικεκύκλωκα, περικεκύκλωμαι encircle.
περιλάμπω : περὶ around, λάμπω shine. περιλάμψω shine around.
περίλυπος -πον : περὶ above, λύπη grief. exceeding sorrowful.
περιμένω : περὶ round, μένω wait. περιμενῶ, περιμεμένηκα. await.
πέριξ ; περὶ round.

περιοικέω : περὶ around, οἰκέω ; οἶκος house. περιοικήσω, περιῴκηκα dwell around.
περίοικος -ον : περὶ about, οἶκος house. dwelling near.
περιοχὴ -ῆς ; περιέχω surround. limit, passage of a book.
περιπατέω : περὶ about, πατέω tread. περιπατήσω, περιπεπάτηκα walk.
περιπίπτω : περὶ around, πίπτω, πεσέω fall. περιπεσοῦμαι fall among. 2 a. περιέπεσον.
περιποιέω : περὶ round, ποιέω make. περιποιήσω, περιπεποίηκα, περιπεποίημαι. acquire, purchase.
περιρρήγνυμι : περὶ round, ῥήγνυμι rend. περιρρήξω, περιέρρηχα, περιέρρηγμαι. rend in pieces.
περισπάω : περὶ about, σπάω draw. περισπάσω, περιέσπακα, περιέσπασμαι draw about, distract.
περίσσευμα -ματος ; περισσεύω. abundance.
περισσεύω ; περισσός. περισσεύσω, πεπερίσσευκα, πεπερίσσευμαι abound, exceed.
περισσὸς -σὴ -σὸν ; περὶ above. exceeding, abundant.
περισσοτέρως ; περισσότερος ; περισσός. in a greater degree.
περισσῶς ; περισσός. exceedingly.
περιστερὰ -ᾶς dove.
περιτέμνω ; περὶ around, τέμνω cut. περιτεμῶ, περιτέτμηκα, περιτέτμημαι circumcise. 2 a. περιέταμον.
περιτίθημι : περὶ around, τίθημι place. περιθήσω, περιτέθεικα, περιτέθειμαι place round.
περιτομὴ -ῆς ; περιτέμνω. circumcision.
περιτρέπω : περὶ round, τρέπω turn. περιτρέψω, περιτέτροπα, περιτέτραμμαι. convert, turn.
περιτρέχω : περὶ, τρέχω run. περιθρέξω. run round.
περιφέρω : περὶ about, φέρω bear. carry about.
περίχωρος -ον : περὶ around, χῶρος place. neighbouring.
πετεινὸν -οῦ ; πέτομαι fly. bird.
πέτρα -ας rock.

Πέτρος -ου stone, Peter, surname of Simon, one of the Twelve, corresponding with the Hebrew Cephas.
πετρώδης -ες ; πέτρος stone. stony.
πήγανον -ου rue.
πηγή -γῆς fountain.
πηδάλιον -ου ; πηδὸς oar-blade. rudder.
πηλὸς -λοῦ mud, clay.
πήρα -ρας wallet.
πῆχυς -χυος m. elbow, part of the arm below the bend of the elbow, cubit, or measure of 18 inches.
πιάζω, πιάσω, πεπίακα, πεπίασμαι seize.
πιέζω, πιέσω, πεπίεκα, πεπίεσμαι press.
πικρία -ας ; πικρὸς bitter. bitterness.
πικρῶς ; πικρὸς bitter. bitterly.
Πιλᾶτος -ου Pilate, a Roman appointed by Tiberius procurator of Judæa, who sentenced Jesus to be crucified.
πίμπρημι, πιμπράω, πρήθω, πρήσω, πέπρηκα, πέπρησμαι, pass. πίμπραμαι. burn.
πινακίδιον -ου ; πίναξ. tablet.
πίναξ -ακος m. tablet, platter.
πίνω drink. 2 a. ἔπιον.
πιπράσκω ; πράω. πράσω, πέπρακα, πέπραμαι sell.
πίπτω, πεσέω, πεσοῦμαι, ἔπεσον fall.
Πισιδία -ας ; Πεισίδαι. Pisidia, a district of Asia Minor, N. of Pamphylia.
πιστεύω ; πιστός. πιστεύσω, πεπίστευκα, πεπίστευμαι trust, believe.
πιστικὸς -ὴ -ὸν ; πίστις faith. genuine.
πίστις -εως ; πείθω. faith.
πιστὸς -τὴ -τὸν ; πείθω. faithful.
πλανάω ; πλάνη. πλανήσω, πεπλάνηκα, πεπλάνημαι lead astray.
πλάνη -ης error.
πλάνος -ου itinerant impostor.
πλατύνω ; πλατύς. πλατυνῶ, πεπλάτυγκα, πεπλάτυμμαι widen.

πλατύς -εῖα -ύ wide. πλατεῖα i. e. οδὸς street.
πλείων -ον ; πλέος full. more.
πλέκω, πλέξω, πέπλοχα, πέπλεγμαι fold.
πλεονεξία -ας : πλέον, εξία ; έχω have. covetousness.
πλευρά -ρᾶς side.
πλέω, πλεύσω, πέπλευκα sail.
πληγή -ῆς ; πλήσσω strike. blow.
πλῆθος -εος ; πλέος full. multitude.
πληθύ'νω ; πλῆθος. πληθυνῶ, πεπλήθυγκα, πεπλήθυμμαι increase, multiply.
πλήθω, πιμπλάω, πίμπλημι ; πλέος full. πλήσω, πέπληκα, πέπλησμαι fill.
πλημμύρα -ας flood.
πλὴν but, except.
πλήρης -ρες ; πλέος. full.
πληροφορέω ; πληρόφορος : πλήρης, φόρος ; φέρω bear. πληροφορήσω, πεπληροφόρηκα, πεπληροφόρημαι carry with full sail, ensure full belief.
πληρόω ; πλήρης. πληρώσω, πεπλήρωκα, πεπλήρωμαι complete, fulfil.
πλήρωμα -ματος ; πληρόω. fulness, abundance.
πλησίον Adv. ; πέλας. near.
πλοιάριον -ου dim. ; πλοῖον. little bark.
πλοῖον -ου ; πλόος sailing ; πλέω sail. ship, boat.
πλόος -ου contr. πλοῦς -οῦ ; πλέω. sailing, voyage.
πλούσιος -α -ον ; πλοῦτος. rich.
πλουτέω ; πλοῦτος. πλουτήσω, πεπλούτηκα am rich.
πλοῦτος -ου riches.
πνεῦμα -ματος ; πνέω. spirit, wind.
πνέω, πνεύσω, πέπνευκα blow.
πνι'γω, πνίξω, πέπνιχα, πέπνιγμαι suffocate, strangle.
πνικτὸς -ὴ -ὸν ; πνίγω. strangled.
πνοὴ -ῆς ; πνέω. breath, blast.
πόθεν whence inter. from some place, enclitic.
ποιέω, ποιήσω, πεποίηκα, πεποίημαι make, do.
ποιητὴς -τοῦ : ποιέω make. maker, poet.

ποικίλος -η -ον various.
ποιμαίνω ; ποιμήν. ποιμανῶ, πεποίμαγκα, πεποίμαμμαι feed as a shepherd.
ποιμὴν -μένος shepherd.
ποίμνη -νης flock.
ποίμνιον -ου ; ποίμνη. flock.
ποῖος -α -ον of what kind, what, *inter.*
πόλεμος -ου war.
πόλις -εος city.
πολιτάρχης -ου : πολίτης *citizen,* ἀρχὴ ; ἄρχω. ruler of citizens.
πολιτεία -ας ; πολίτης. body of citizens, citizenship.
πολιτεύομαι ; πολίτης. πολιτεύσομαι, πεπολίτευμαι act as citizen, behave oneself.
πολίτης -του ; πόλις. citizen.
πολλάκις ; πολλὸς many. often.
πολλαπλασίων -ον : πολλὸς many, πλασίων. manifold.
πολυλογία -ας ; πυλυλόγος : πολὺς, λόγος *speech.* much speaking.
πολὺς much. πολὺ *neut.* πολὺν *acc.* Other cases from πολλὸς -λὴ, λὸν.
πολυτελὴς -ὲς : πολὺς, τελὴς ; τέλος *tribute.* costly.
πολύτιμος -μον ; πολὺς, τιμος ; τίω *pay.* precious.
πονηρία -ας ; πονηρός. wickedness.
πονηρὸς -ρὰ -ρὸν evil, wicked.
Πόντιος -ου *Lat.* Pontius, the name of Pilate.
Ποντικὸς -κὴ -κὸν ; Πόντος. of Pontus.
Πόντος -ου sea. Pontus, a province of Asia Minor, on the south-east shore of the Euxine Sea.
Πόπλιος -ου *Lat.* Publius.
πορεία -ας ; πορεύω. journeying.
πορεύω ; πόρος *pass.* πορεύσω, πεπόρευκα, πεπόρευμαι make to go. *mid.* go.
πορθέω ; πέρθω, πορθήσω, πεπόρθηκα, πεπόρθημαι. waste.
Πόρκιος -ου. *Lat.* Porcius.
πορνεία -ας ; πόρνη, fornication.

πόρνη -νης harlot.
πόρρω far.
πόρρωθεν ; πόρρω. from far.
πορρωτέρω ; πόρρω. further.
πορφύρα -as purple.
πορφύρεος -α -ον ; πορφύρα. of purple.
πορφυρόπωλις -εος *Att.* έως : πορφύρα, πῶλις ; πωλέω *sell.* seller of purple.
ποσάκις ; πόσος *how great.* how often *inter.*
πόσις -εως ; πόω. drink.
πόσος -η -ον how great *inter.*
ποταμὸς -οῦ river.
ποταπὸς -ὴ -ὸν of what size? of what nature? *inter.*
πότε when *inter.* at some time, once *enclitic.*
πότερος -α -ον which of two?
ποτήριον -ου ; πόω *drink.* cup.
ποτίζω ; πότος ; πόω. ποτίσω, πεπότικα, πεπότισμαι give drink to.
Ποτίολοι -ων. Puteoli, formerly Dicæarchia, a town of Campania.
ποῦ where *inter.* somewhere *enclitic.*
πους, ποδὸς foot.
πρᾶγμα -ματος ; πράσσω. deed, thing, traffic.
πραγματεύω ; πρᾶγμα. πραγματεύσω, πεπραγμάτευκα, πεπραγμάτευμαι traffic.
πραιτώριον -ου ; prætōrium *Lat.* Governor's court, tent.
πράκτωρ -τορος ; πράσσω. officer, exactor of punishment.
πρᾶξις -εως ; πράσσω. act, office, manner of living.
πρᾶος -α -ον and πραῦς. mild.
πρασιὰ -ᾶς a plot in a garden, *plur.* parties.
πράσσω, πράξω, πέπραχα, πέπραγμαι do.
πρᾶυς -εῖα -ὺ mild.
πρέπω am conspicuous. 3rd *sing.* is becoming. *dat.*
πρεσβεία -ας ; πρέσβυς *ambassador.* embassy.
πρεσβυτέριον -ου ; πρεσβύτερος. assembly of elders.
πρεσβύτερος -α -ον ; πρέσβυς. elder.

πρεσβύτης -του : πρέσβυς. old man.
πρηνής -ές ; προνεύω ; πρό forwards νεύω bend. bending forwards, headlong.
πρίν before.
Πρίσκιλλα -ας Lat. Priscilla dim. of Prisca, wife of Aquila.
πρό gen. before.
προάγω : πρό forward, ἄγω lead. προάξω, προῆχα, προῆγμαι lead forward trans. precede intr. 2 a. προήγαγον.
προαύλιον -ου : πρό before, αὔλιον : αὐλή court. forecourt.
προβαίνω : πρό forward, βαίνω ; βάω go. προβήσομαι, προβέβηκα go forward, advance.
προβάλλω : πρό forward, βάλλω cast. προβλήσω, προβέβληκα, προβέβλημαι cast forward, put forth leaves. 2 a. προέβαλον.
προβατικός -ή -όν ; πρόβατον. of sheep.
πρόβατον -ου sheep.
προβιβάζω : πρό forwards, βιβάζω ; βάω go. προβιβάσω, προβεβίβακα, προβεβίβασμαι make to go forwards, set on.
προγιγνώσκω : πρό before, γιγνώσκω know. προγνώσομαι, προέγνωκα, προέγνωσμαι. know before.
πρόγνωσις -σεως ; προγιγνώσκω. foreknowledge.
προδότης -ου ; προδίδωμι : πρό forwards, δίδωμι give. betrayer.
προδραμέω : πρό before, δραμέω run. run forward. 2 a. προέδραμον.
προείδω : πρό before, εἴδω know, προείσομαι, προοῖδα, 2 aor. προεῖδον. foresee.
προέπω : πρό before, ἔπω tell. προεῖπα, προεῖπον. foretell.
προερέω : πρό before, ἐρέω say. προερήσω, προερῶ, προείρηκα, προείρημαι say before, predict.
προέρχομαι : πρό before, ἔρχομαι come. precede, go forward. προελεύσομαι, προελήλυθα, προῆλθον; προελεύθω.

πρόθεσις -εως ; προτίθημι *place before.* setting forth.
προθυμία -ας ; πρόθυμος *willing.* willingness, zeal.
πρόθυμος -μον : πρό *forwards,* θῦμὸς *mind.* eager, willing.
προκαταγγέλλω : πρό *before,* καταγγέλλω *announce.* προκαταγγελῶ, προκατήγγελκα, προκατήγγελμαι announce before, foretell.
προκηρύττω : πρό *before,* κηρύττω *publish.* προκηρύξω, προκεκήρυχα, προκεκήρυγμαι publish before.
προκόπτω : πρό *forwards,* κόπτω *cut.* προκόψω, προκέκοφα, προκέκομμαι clear away by cutting, advance. 2 a. προέκοπον.
προλαμβάνω : πρό *before,* λαμβάνω, λήβω *take.* προλήψομαι, προείληφα, προείλημμαι take before, secure previously. 2 a. προέλαβον.
προμελετάω : πρό *before,* μελετάω ; μελέτη *care.* προμελετήσω, προμεμελέτηκα, προμεμελέτημαι premeditate.
προμεριμνάω : πρό *before,* μεριμνάω ; μέριμνα *care.* προμεριμνήσω, προμεμερίμνηκα am previously solicitous.
πρόνοια -ας ; προνοέω *foresee.* foresight.
προοράω : πρό *before,* ὁράω *see.* προοράσω, προεώρακα, προεώραμαι. see before, foresee.
προορίζω : πρό *before,* ὁρίζω *determine.* προορίσω, προώρικα, προώρισμαι. predetermine.
προπέμπω : πρό *before,* πέμπω *send.* προπέμψω, προπέπομφα, προπέπεμμαι. send before.
προπετὴς -ὲς : πρό *forwards,* πετὴς : πέτω *obs. fall.* falling forwards, precipitate.
προπορεύομαι : πρό *before,* πορεύομαι *go.* προπορεύσομαι, προπεπόρευμαι go before.
πρὸς *acc.* to, according to, with reference to. *dat.* at, in addition to.
προσάββατον -ου : πρό *before,* σάββατον *sabbath.* day before the sabbath.
προσάγω : πρὸς, ἄγω *lead.* προσάξω, προσῆχα, προσῆγμαι. bring to.

προσαιτέω : πρὸς to, αἰτέω ask. προσαιτήσω, προσῄτηκα, προσῄτημαι ask in addition, beg.
προσαίτης -του beggar.
προσαναβαίνω : πρὸς to, ἀναβαίνω : ἀνὰ, βαίνω. προσαναβήσομαι, προσαναβέβηκα. ascend to.
προσαναλίσκω : πρὸς to, ἀνὰ up, ἁλίσκω, ἁλόω take. προσαναλώσω, προσανήλωκα, προσανήλωμαι expend in addition.
προσαπειλέω : πρὸς in addition. ἀπειλέω threaten. προσαπειλήσω, προσηπείληκα, προσηπείλημαι threaten in addition, add threats.
προσδαπανάω : πρὸς to, δαπανάω : δαπάνη expense. προσδαπανήσω, προσδεδαπάνηκα, προσδεδαπάνημαι expend in addition.
προσδέομαι : πρὸς in addition. δέομαι want. προσδεήσομαι, προσδεδέημαι. want in addition.
προσδέχομαι : πρὸς to, δέχομαι receive. προσδέξομαι, προσδέδεγμαι receive, wait for.
προσδοκάω : πρὸς to, δοκάω. προσδοκήσω, προσδεδόκηκα expect, look for.
προσδοκία -as ; προσδοκάω. looking for.
προσεάω : πρὸς to, ἐάω suffer. προσεάσω, προσείακα, προσείαμαι. allow.
προσεγγίζω : πρὸς to, ἐγγίζω ; ἐγγὺς near. προσεγγίσω, προσήγγικα draw nigh.
προσενέγκω : πρὸς to, ἐνέγκω bear. bear to. aor. προσήνεγκα.
προσεργάζομαι : πρὸς to, ἐργάζομαι ; ἔργον work. προσεργάσομαι, προσείργυισμαι gain by traffic.
προσέρχομαι : πρὸς to, ἔρχομαι come. come to. προσελεύσομαι, προσελήλυθα, προσῆλθον ; προσελεύθω.
προσευχὴ -ῆs ; προσεύχομαι. prayer.
προσεύχομαι : πρὸς to, εὔχομαι pray. προσεύξομαι, προσεῦγμαι pray to.
προσέχω : πρὸς to, ἔχω have. προσέξω apply. (τοῦν omitted) attend to, become.

προσήλυτος -ου m. f. : πρὸς to, ἤλυτὸς ; ἐλεύθω come. stranger, proselyte.
πρόσκαιρος -ρον : πρὸς to, καιρὸς season. lasting a season.
προσκαλέω : πρὸς to, καλέω call. προσκλήσω, προσκέκληκα, προσκέκλημαι call to.
προσκαρτερέω : πρὸς to, καρτερέω ; καρτερὸς strong. προσκαρτερήσω, προσκεκαρτέρηκα persevere.
προσκεφάλαιον -ου : πρὸς at, κεφαλαῖον ; κεφαλὴ head. pillow.
προσκληρόω : πρὸς to, κληρόω choose by lot. προσκληρώσω, προσκεκλήρωκα, προσκεκλήρωμαι take part with, add.
προσκολλάω : πρὸς to, κολλάω ; κόλλα glue. προσκολλήσω, προσκεκύλληκα, προσκεκόλλημαι fasten to.
προσκόπτω : πρὸς to, κόπτω cut. προσκόψω, προσκέκοφα, προσκέκομμαι strike against intr. 2 a. προσέκοπον.
προσκυλίω : πρὸς to, κυλίω roll. προσκυλίσω, προσκεκύλικα, προσκεκύλισμαι roll to.
προσκυνέω : πρὸς to, κυνέω ; κύων dog. προσκυνήσω, προσκεκύνηκα fawn to, worship.
προσκυνητὴς -τοῦ ; προσκυνέω. worshipper.
προσλαλέω : πρὸς to, λαλέω speak. προσλαλήσω, προσλελάληκα, προσλελάλημαι. speak to.
προσλαμβάνω : πρὸς to, λαμβάνω, λήβω take. προσλήψομαι, προσείληφα, προσείλημμαι take to. 2 a. προσέλαβον.
προσμένω : πρὸς at, μένω remain. προσμενῶ, προσμεμένηκα remain with.
προσορμίζω : πρὸς to, ὁρμίζω ; ὅρμος station of a ship. προσορμίσω, προσώρμικα, προσώρμισμαι bring to station.
πρόσπεινος : πρὸς to, πεῖνος ; πεῖνα hunger. hungry.
προσπήγνυμι : πρὸς to, πήγνυμι fix. προσπήξω, προσπέπηχα, προσπέπηγμαι fix to.
προσπίπτω : πρὸς at, πίπτω, πεσέω fall. προσπεσοῦμαι, προσέπεσον fall at.
προσποιέω : πρὸς to, ποιέω make. προσποιήσω, προσπε-

ποίηκα, προσπεποίημαι acquire for another *act*. claim for oneself, pretend *mid*.

προσπορεύομαι : πρὸς *to*, πορεύομαι *go*. προσπορεύσομαι, προσπεπόρευμαι approach.

προσρήγνυμι ; πρὸς *against*, ῥήγνυμι. ῥήσσω *break*. προσρήξω, προσέρρηχα, προσέρρηγμαι. break against.

προστάσσω : πρὸς *to*, τάσσω *order*. προστάξω, προστέταχα, προστέταγμαι *order*. 2 *a*. προσέταγον.

προστίθημι : πρὸς *to*, τίθημι *place*. προσθήσω, προστέθεικα, προστέθεμαι add to.

προστρέχω : πρὸς *to*, τρέχω *run*. προσθρέξω run to.

προσφάγιον -ου : πρὸς *to*, φάγιον ; φάγω *eat*. any thing to eat.

προσφάτως : πρόσφατος ; πρὸς *to*, φατὸς ; φάω *kill*, *newly killed*, *new*. lately.

προσφέρω : πρὸς *to*, φέρω *bear*. bring to.

προσφορὰ -ᾶs ; προσφέρω. offering.

προσφωνέω : πρὸς *to*, φωνέω ; φωνὴ *voice*. προσφωνήσω, προσπεφώνηκα call to.

προσψαύω : πρὸς *to*, ψαύω *touch*. προσψαύσω, προσέψαυκα, προσέψαυμαι touch.

προσωπολήπτης -ου : πρόσωπον. λήπτης ; λήβω *take*. respecter of person.

πρόσωπον -που : πρὸς *at*, ὤπον ; ὢψ *eye*. countenance.

προτάττω : πρὸ *before*, τάττω *order*. προτάξω, προτέταχα, προτέταγμαι. order before, pre-appoint.

πρότερος -α -ον ; πρὸ *before*. former, before.

προτείνω : πρὸ *forwards*, τείνω *stretch*. προτενῶ, προτέτακα, προτέταμαι. extend.

προτρέπω : πρὸ *forwards*, τρέπω *turn*. προτρέψω, προτέτροπα, προτέτραμμαι recommend.

πρστρέχω : πρὸ, τρέχω *run*. προθρέξω. see προδρημέω.

προυπάρχω : πρὸ *before*, ὑπάρχω *am*. προυπάρξω, προύπηρχα am before.

πρόφασις -εως ; πρόφημι : πρὸ *forwards*, φημὶ *say*. pretext, pretence.

προφέρω : πρὸ *forwards*, φέρω *bear*. προήνεγκα bring forward.

προφητεία -ας ; προφητεύω. prophecy.

προφητεύω : πρὸ *before*, φητεύω ; φήτης ; φάω *say*. προφητεύσω, προπεφήτευκα prophesy.

προφήτης -του : πρὸ *before*, φήτης ; φάω *say*. prophet.

προφῆτις -τιδος ; προφήτης. prophetess.

προφθάνω : πρὸ *before*, φθάνω, φθάω *anticipate*. προφθάσω, προέφθακα anticipate. προέφθην ; προφθῆμι.

προχειρίζω : πρὸ *before*, χειρίζω ; χεὶρ *hand*. προχειρίσω, προκεχείρικα, προκεχείρισμαι. ordain before.

προχειροτονέω : πρὸ *before*, χειροτονέω *appoint by imposition of hands* : χεὶρ, τονέω, τείνω *stretch*. προχειροτονήσω, προκεχειροτόνηκα, προκεχειροτόνημαι appoint before.

Πρόχορος -ου. Prochorus, one of the seven deacons.

πρύμνα -νης ; πρυμνὸς *last*. stern of a vessel.

πρωΐ, in the morning. *Adverb*.

πρώϊος -α -ον ; πρωΐ. of the morning.

πρώρα -ας ; πρὸ *forwards*. prow.

πρωτοκαθεδρία -ας : πρῶτος *first*, καθεδρία ; καθέδρα *seat*. foremost seat.

πρωτοκλισία -ας : πρῶτος *first*, κλισία ; κλίνω *incline*. foremost room.

πρῶτος -τη -τον *Superlat*. ; πρὸ *before*. first.

πρωτοστάτης -ου ; πρῶτος *first*. στάτης ; ἵστημι *place*. front-rank man, leader.

πρωτότοκος -ον : πρῶτος *first*, τόκος ; τέκω *beget*. first-begotten.

πτέρνα -νης heel.

πτερύγιον -ου ; πτέρυξ *wing*. pinnacle.

πτέρυξ -υγος ; πτερόν. wing.

πτοέω, πτοήσω, ἐπτόηκα, ἐπτόημαι frighten.

Πτολεμαΐς -ίδος. Ptolemais, formerly Acho, a seaport of Palestine near Mount Carmel, in the tribe of Zebulun.

πτύον -ου fan, winnowing machine.

πτύσμα -ματος ; πτύω spit. spittle.
πτύσσω ; πτὺξ fold. πτύξω, ἔπτυχα, ἔπτυγμαι fold.
πτύω, πτύσω, ἔπτυκα, ἔπτυσμαι spit.
πτῶμα -ματος ; πτόω fall. carcase.
πτῶσις -εως ; πτόω fall. falling.
πτωχὸς -ὴ -ὸν poor, beggar.
πυγμὴ -ῆς ; πὺξ with the fist. closed fist. πυγμῇ over the fist, entirely.
Πύθων -ωνος ; πυνθάνομαι inquire. Python, a name of Apollo, who gave oracles at Pytho.
πυκνὸς -ὴ -ὸν ; πύκα thickly. frequent. πυκνὰ adv. frequently.
πύλη -ης gate.
πυλὼν -ῶνος m. ; πύλη. gateway.
πυνθάνομαι, πεύθομαι. πεύσομαι, πέπυσμαι inquire.
πῦρ, πυρὸς n. fire.
πυρὰ -ᾶς ; πῦρ. wood-fire.
πύργος -γου tower.
πυρέσσω ; πυρετὸς fever. πυρέξω suffer from fever.
πυρετὸς -οῦ ; πῦρ. fever.
πυρράζω ; πυρρὸς red. πυρράσω, πεπύρρακα am red.
πω yet, any where.
πωλέω, πωλήσω, πεπώληκα, πεπώλημαι sell.
πῶλος -λου foal.
πώποτε : πω, ποτε. ever.
πωρόω ; πῶρος callous. πωρώσω, πεπώρωκα, πεπώρωμαι make callous, harden.
πώρωσις- σεως ; πωρόω. hardening.
πῶς interrogat. how ? πως enclitic. somehow.

P.

ῥαββὶ, ῥαββονὶ, ῥαββουνὶ Heb. my master.
ῥαβδίζω, ῥαβδὸς rod. ῥαβδίσω, ἐρράβδιχα, ἐρράβδισμαι. beat with rods, scourge.
ῥαβδὸς -δοῦ f. rod, staff.

ραβδούχος -ου : ραβδός, έχος ; έχω have. verger, officer.
'Ραγαῦ m. Heb. und. Ragau, an ancestor of Abraham.
ραδιούργημα -ματος ; ραδιουργέω act cunningly ; ραδιουργός : ράδιος easy, εργός ; έργον work. slight of hand, fraudulent transaction.
ραδιουργία -ας : ραδιουργός. deceit.
ράκα Heb. despicable.
ράκος -εος ; ρήσσω. rag, piece of cloth.
'Ραμᾶ f. Heb. und. Rama, a city in the tribe of Benjamin, five miles distant from Jerusalem.
ραπίζω ; ραπὶς rod. ραπίσω, ερράπικα, ερράπισμαι strike with a rod, or open hand.
ράπισμα -ματος : ραπίζω, blow on the cheek.
ραφὶς -ίδος ; ράπτω sew. needle.
'Ραχάβ f. Heb. und. Rahab, wife of Salmon.
'Ραχὴλ f. Heb. und. Rachel, wife of Jacob, buried at Rama.
'Ρεμφὰν m. und. Rhemphan, an Egyptian deity.
ρέω, ρύω. ρεύσω, έρρευκα flow.
ρέω, ερέω. ρήσω, είρηκα, έρρηκα. είρημαι, έρρημαι say. ρεθήσομαι, ρηθήσομαι.
'Ρήγιον -ου. Rhegium, a town at the extreme S.W. point of Italy, in the province of Bruttii.
ρῆγμα -ματος ; ρήσσω. fracture.
ρηγνύω, ρήγνυμι, ρήσσω, ρήγω. ρήξω, έρρηχα, έρρηγμαι break. 2 a. έρραγον.
ρῆμα -ματος ; ρέω. word.
'Ρησὰ m. Heb. und. Resa, a Jew of the family of David.
ρήτωρ -ορος ; ρέω say. speaker, orator.
ρίζα -ης root.
ρίπτω, ρίψω, έρριφα, έρριμμαι cast.
'Ρόδη -ης Rhoda.
'Ρόδος -ου f. Rhodes, a large island off the S. coast of Caria.
'Ρυβοὰμ m. Heb. und. Rehoboam, son of Solomon ; in whose time the kingdom was divided.

ρομφαία -ας sword.
'Ρούθ f. *Heb. und.* Ruth, wife of Boaz.
'Ρούφος -ου, *Lat.* Rufus.
ρύμη -ης ; ρύω *flow.* lane.
ρύσις -εως ; ρύω *flow.* flowing.
ρύω -ομαι, ρύσομαι, ἔρρυμαι defend.
ρωμαϊκός -ή -όν ; 'Ρώμη *Rome.* Roman.
ρωμαῖος -α -ον ; 'Ρώμη *Rome.* Roman.
ρωμαϊστί ; 'Ρώμη *Rome.* in the Roman language.
'Ρώμη -ης. Rome.
ρώννυμι *old verb* ρόω. ρώσω, ἔρρωκα, ἔρρωμαι. strengthen.
ἔρρωσο *perf. pass. imper.* farewell. *Lat.* vale.

Σ.

σαβαχθανί *Heb.* "thou hast forsaken me."
σάββατον -ου sabbath, rest. pl. d. σαββάτοις, σάββασι.
σαγήνη -νης ; σάττω *load.* net.
Σαδδουκαῖος -ου ; Σαδώκ. Sadducee, follower of Sadoc, who denied the doctrines of a future state, and the existence of angels.
Σαδώκ m. *Heb. und.* Sadoc, of the family of David.
σάκκος -κου sack, sackcloth.
Σαλά m. *Heb. und.* Sala, a Jew of the family of David.
Σαλαθιήλ m. *Heb. und.* Salathiel, of the family of David.
Σαλαμίς -ῖνος f. Salamis, a chief city of Cyprus.
Σαλείμ f. *Heb. und.* Salim, a place near Jordan.
σαλεύω ; σάλος. σαλεύσω, σεσάλευκα, σεσάλευμαι agitate.
Σαλμών m. *Heb. und.* Salmon, of the tribe of Juda.
Σαλμώνη -ης. Salmone, a promontory at the N.E. of Crete.
σάλος -ου agitated sea.
σάλπιγξ -πιγγος f. trumpet.
σαλπίζω ; σάλπιγξ. σαλπίσω, σαλπίγξω, σεσάλπικα sound a trumpet.

Σαλώμη -μης Salome, mother of James and John.
Σαμάρεια -ας Samaria, a city belonging to the tribe of Ephraim, which gave the name to a large district between Judea and Galilee.
Σαμαρείτης -του ; Σαμάρεια. Samaritan.
Σαμαρεῖτις -τιδος ; Σαμαρείτης. Samaritan woman.
Σαμοθράκη -ης Samothrace, an island at the N. of the Ægean.
Σάμος -ου. f. Samos, a large island at the S.E. of the Ægean.
Σαμουὴλ. m. und. Heb. heard by God. Samuel.
σανδάλιον -ίου. dim. σάνδαλον. sandal.
σανὶς -ίδος. f. board.
σαπρὸς -ὰ -ὸν ; σήπομαι rot. rotten, corrupt.
Σαπφείρη -ης. Sapphira, struck dead with her husband Ananias for falsehood.
Σάρεπτα -των Sarepta, a city of the tribe of Aser, situated between Tyre and Sidon.
σὰρξ, σαρκὸς f. flesh.
Σαροὺχ m. Heb. und. Saruch, an ancestor of Abraham.
σαρόω ; σαίρω sweep. σαρώσω, σεσάρωκα, σεσάρωμαι cleanse with brooms.
Σάρων -ωνος. Saron, a fertile plain and town of the tribe of Ephraim, near Joppa.
Σατᾶν Heb. und. Σατανᾶς -ᾶ Satan, adversary.
σάτον -ου measure of corn, one bushel and half.
Σαῦλος -ου Heb. Σαοὺλ, desired. Saul, the name of St. Paul before his conversion.
σβεννύω, σβέννυμι, σβέω. σβέσω, ἔσβεκα, ἔσβεσμαι extinguish.
σεαυτοῦ, σαυτοῦ -τῆς -τοῦ : σὺ thou, αὐτὸς self. thyself.
σέβασμα -ματος ; σεβάζω reverence. worship.
Σεβαστὸς -ὴ -ὸν ; σεβάζω. to be reverenced. Lat. Augustus.
σέβω -ομαι, σέψομαι, σέσεμμαι venerate.
σεισμὸς μοῦ ; σείω. earthquake.

σείω, σείσω, σέσεικα, σέσεισμαι shake.
Σεκοῦνδος -ου. *Lat.* Secundus, a Thessalonian, companion to St. Paul in a part of his third journey.
Σελεύκεια -ας ; Σέλευκος. Seleucia, a city of Cilicia.
σελήνη -νης moon.
σεληνιάζομαι ; σελήνη. σεληνιάσομαι, σεσεληνίασμαι am afflicted with lunacy.
Σεμεὶ m. *Heb. und.* Semei, a Jew of the family of David.
Σέργιος -ίου. *Lat.* Sergius, surnamed Paulus, proconsul of Cyprus.
Σὴθ m. *Heb. und.* Seth, a son of Adam.
Σὴμ m. *Heb. und.* Shem, second son of Noah.
σημαίνω ; σῆμα. σημανῶ, σεσήμαγκα, σεσήμαμμαι signify.
σημεῖον -ου ; σῆμα. sign.
σήμερον, τήμερον. *Adv.* : τῇ the, ἡμέρᾳ day. to-day.
σὴς, σητὸς m. worm.
σιαγὼν -όνος f. cheek.
σιγάω ; σιγὴ silence. σιγήσω, σεσίγηκα, σεσίγημαι am silent.
σιγὴ -ῆς. silence.
σιδηροῦς -ῆ -οῦν ; σίδηρος iron. made of iron.
Σιδὼν -ῶνος f. Sidon, a maritime town on the coast of Phœnicia.
Σιδώνιος -ία -ιον ; Σιδών. Sidonian.
σικάριος -ίου. *Lat.* Sicārius ; sica *dagger.* assassin.
σίκερα n. *Heb. und.* strong drink.
Σίλας -α. Silas *or* Silvanus, companion of St. Paul in his second journey.
Σιλωὰμ m. *Heb. und.* Siloam, the name of a fountain, and rivers which flow from it, at Jerusalem.
σιμικίνθιον -ίου *or* σημικίνθιον. *Lat.* semicinctium ; semi, *half,* cingo, *surround.* half-apron, handkerchief.
Σίμων -ωνος Simon, a common name among the Jews.
Σινᾶ, m. *Heb. und.* Sinai, the mountain in Arabia, at which the law was delivered to Israel.

σίναπι, σίνηπι -εως mustard.
σινδών -δόνος f. fine linen.
σινιάζω ; σίνιον sieve. σινιάσω, σεσινίακα, σεσινίασμαι sift.
σιτευτός -τή -τόν ; σιτεύω feed with corn. fatted.
σιτιστός -τή -τόν ; σιτίζω feed with corn. to be fatted.
σιτομέτριον -ου : σίτος, μέτρον measure. measure of corn.
σίτος, σίτον -ου wheat, corn.
Σιχάρ f. Heb. und. Sichar, a town of the Samaritans.
Σιών m. Heb. und. Sion, a hill on which part of Jerusalem was built.
σιωπάω ; σιωπή silence. σιωπήσω, σεσιώπηκα am silent.
σκανδαλίζω ; σκάνδαλον. σκανδαλίσω, έσκανδάλικα, έσκανδάλισμαι offend, strike against.
σκάνδαλον -ου stumbling-block.
σκάπτω, σκάψω, έσκαφα, έσκαμμαι dig.
σκάφη -ης hull of a vessel, boat.
σκέλος -εος leg.
Σκευάς -ά Heb. Sceva, a Jew of Ephesus.
σκεύος -εος vessel.
σκευή -ής furniture, tackle.
σκηνή -νής tent, tabernacle, habitation.
σκηνοπηγία -ας : σκήνος tent, πηγία ; πήγω fix. fixing of tents, feast of tabernacles.
σκηνοποιός -ού : σκηνή tent, ποιός ; ποιέω. tent-maker.
σκηνόω ; σκήνος. σκηνώσω, έσκήνωκα dwell in tents, dwell.
σκήνωμα -ματος : σκηνόω. tent, tabernacle.
σκιά -άς shade, shadow.
σκιρτάω, σκιρτήσω, έσκίρτηκα leap, exult.
σκληροκαρδία -ας : σκληρός, καρδία heart. hardness of heart.
σκληρός -ρά -ρόν hard.
σκληροτράχηλος -ον : σκληρός hard, τράχηλος neck. stiff-necked.
σκληρύνω : σκληρός hard. σκληρυνώ, έσκλήρυγκα, έσκλήρυμμαι harden.

M

σκολιός -ά -όν crooked, twisted.
σκοπέω ; σκοπός the archer's mark ; σκέπτομαι look. σκοπήσω, ἐσκόπηκα, ἐσκόπημαι observe, take heed.
σκορπίζω, σκορπίσω, ἐσκόρπικα, ἐσκόρπισμαι scatter.
σκορπίος -ου scorpion.
σκοτεινός -νὴ -νὸν ; σκότος. dark.
σκοτία -ας ; σκότος. darkness.
σκοτίζω ; σκότος. σκοτίσω, ἐσκότικα, ἐσκότισμαι darken.
σκότος ου m., -εος n. darkness.
σκυθρωπὸς -ὸν : σκυθρὸς stern, ὤψ countenance. of gloomy countenance, sad.
σκύλλω, σκυλῶ, ἔσκυλκα, ἔσκυλμαι weary.
σκῦλον -λου hide, spoil, household furniture.
σκωληκόβρωτος -ον : σκώληξ worm, βρωτὸς ; βρώσκω eat. eaten by worms.
σκώληξ -ληκος m. worm, which devours corpses.
σμύρνα -νης myrrh, an aromatic gum.
σμυρνίζω ; σμύρνα. σμυρνίσω, ἐσμύρνικα, ἐσμύρνισμαι mix with myrrh.
Σόδομα -ων Sodom, a city of Palestine, destroyed for the wickedness of its inhabitants.
Σολομὼν -ῶντος Solomon, son of David, King of Israel.
σορὸς -οῦ f. bier.
σὸς, σὴ, σὸν ; σὺ thou. thine.
σουδάριον ; Lat. "sudarium." napkin.
Σουσάννα -νης Susanna, a Jewess, an early convert to Christianity.
σοφία -ας ; σοφός. wisdom.
σοφὸς -ὴ -ὸν wise.
σπαράσσω, σπαράξω, ἐσπάραχα, ἐσπάραγμαι tear.
σπαργανόω ; σπάργανα swaddling clothes. σπαργανώσω, ἐσπαργάνωκα, ἐσπαργάνωμαι wrap in swaddling clothes.
σπάω, σπάσω, ἔσπακα, ἔσπασμαι draw.
σπεῖρα -ρας twisted rope, band of soldiers.
σπείρω, σπερῶ, ἔσπαρκα, ἔσπαρμαι sow. 2 a. ἔσπαρον.

σπεκουλάτωρ -opos Lat. "spiculator;" *spiculum, dart.* or "speculator;" *speculor, look.* spearman, soldier.
σπέρμα -ματος; σπείρω. seed.
σπερμολόγος -ου : σπέρμα *seed*, λόγος; λέγω *pick.* one that picks up seeds, trifler, babbler.
σπεύδω, σπεύσω, ἔσπευκα, ἔσπευσμαι hasten.
σπήλαιον -ου; σπέος. cave.
σπλάγχνον -ου, -να -νων bowels, pity.
σπλαγχνίζω; σπλάγχνον. σπλαγχνίσω, ἐσπλάγχνικα, ἐσπλάγχνισμαι move the bowels with compassion.
σπόγγος -γου sponge.
σποδὸς -οῦ ashes.
σπόριμος -ον; σπόρος. sown with seed, *neut. agr.* χώριον corn-field.
σπόρος -ου; σπείρω. seed.
σπουδαίως; σπουδαῖος *earnest*; σπουδή. earnestly.
σπουδὴ -ἑῆς : σπεύδω *hasten.* haste, eagerness.
σπυρὶς -ίδος basket.
στάδιος, στάδιον -ίου; στάω. race-course, furlong.
στάσις -εως; στάω. standing, sedition.
στατὴρ -ῆρος stater, coin equivalent to Jewish shekel, *or* δίδραχμον.
σταυρὸς -οῦ cross.
σταυρόω; σταυρός. σταυρώσω, ἐσταύρωκα, ἐσταύρωμαι crucify.
σταφυλὴ -ῆς grape.
στάχυς, ἄσταχυς -υος m. ear of corn.
στέγη -ης; στέγω. roof.
στέγω, στέξω, ἔστεχα, ἔστεγμαι cover, conceal.
στεῖρα -ας : στερέω *deprive.* barren.
στέλλω, στελῶ, ἔσταλκα, ἔσταλμαι send. 2 *a.* ἔσταλον.
στέμμα -ματος; στέφω crown. chaplet, garland.
στεναγμὸς -μοῦ : στενάζω *groan.* groaning.
στενάζω; στένω. στενάξω, ἐστέναχα groan.
στενὸς -ὴ -ὸν narrow.

στερεόω ; στερεός *firm*. στερεώσω, ἐστερέωκα, ἐστερέωμαι strengthen.
στέφανος -ου ; στέφω. crown.
Στέφανος -ου ; στέφανος *crown*. Stephen, one of the seven deacons, the Protomartyr.
στῆθος -θεος breast.
στήκω, ἐστήκω ; στάω. stand.
στηρίζω ; στερεός *firm*. στηρίξω, ἐστήριχα, ἐστήριγμαι fix firmly.
στιγμή -μῆς ; στίζω *prick*. point.
στίλβω, στίλψω, ἔστιλφα shine.
στοά -ᾶς porch.
στοιβάς -βάδος ; στείβω *tread*. heap of trodden leaves, branches.
στοιχέω ; στοῖχος *rank*. στοιχήσω, ἐστοίχηκα walk.
στολή -ῆς ; στέλλω. stole, flowing robe.
στόμα -ατος mouth.
στράτευμα -ματος ; στρατεύω. army.
στρατεύω ; στρατός. στρατεύσω, ἐστράτευκα serve in an army.
στρατηγός -οῦ : στρατός, ἡγός ; ἡγέομαι *lead*. general.
στρατιά -ᾶς ; στρατός. army, host.
στρατιώτης -του ; στρατιά. soldier.
στρατοπεδάρχης -ου : στρατόπεδον band. ἄρχης ; ἄρχω *command*. commander of a band of soldiers.
στρατόπεδον -ου ; στρατός, πέδον *ground*. army, encampment.
στρέφω, στρέψω, ἔστρεφα, ἔστραμμαι turn. 2 a. ἔστραφον.
στρουθίον -ου *dim*. ; στρουθός. sparrow.
στρωννύω, στρώννυμι, στρώω, στορέω. στρώσω, ἔστρωκα, ἔστρωμαι strew.
στυγνάζω ; στυγνός *hateful*. στυγνάσω, ἐστύγνακα express sorrow, lour.
Στωικός -ή -όν ; Στοά *porch*. of the Porch, Stoic, belonging to a school of philosophy of which Zeno was the founder.

σύ, σοῦ *thou*.
συγγένεια⁻-ας ; συγγενής. family.
συγγενὴς -ὲς : σὺν *with*, γενὴς ; γένος *family*. kinsfolk, relative.
συγκάθημαι : σὺν *with*, κατὰ *down*, ἧμαι *sit*. sit down with.
συγκαθίζω : σὺν *with*, καθίζω *cause to sit*. συγκαθίσω, συγκεκάθικα cause to sit with *tr*. sit with *intr*.
συγκαλέω : σὺν *with*, καλέω *call*. συγκαλέσω, συγκέκληκα, συγκέκλημαι call together.
συγκαλύπτω : σὺν *with*, καλύπτω *cover*. συγκαλύψω, συγκεκάλυφα, συγκεκάλυμμαι conceal. 2 *a*. συνεκάλυβον.
συγκαταβαίνω : σὺν *with*, κατὰ *down*, βαίνω *go*. συγκαταβήσομαι, συγκαταβέβηκα go down with.
συγκατατίθημι : σὺν *with*, κατὰ *down*, τίθημι *place*. συγκαταθήσω, συγκατατέθεικα, συγκατατέθεμαι deposit with, agree with.
συγκαταψηφίζω : σὺν *with*, κατὰ *down*, ψηφίζω ; ψῆφος *vote*. συγκαταψηφίσω, συγκατεψήφικα, συγκατεψήφισμαι reckon with.
συγκινέω : σὺν *with*, κινέω *move*. συγκινήσω, συγκεκίνηκα, συγκεκίνημαι. stir up.
συγκλείω : σὺν *with*, κλείω *shut*. συγκλείσω, συγκέκλεικα, συγκέκλεισμαι. enclose.
συγκομίζω : σὺν *with*, κομίζω *carry*. συγκομίσω, συγκεκόμικα, συγκεκόμισμαι. gather up, carry away.
συγκύπτω : σὺν *with*, κύπτω *stoop*. σvγκύψω, συγκέκυφα bend double.
συγκυρία -ας : σὺν *with*, κυρία ; κυρέω *meet with*. chance, contingence.
συγχαίρω : σὺν *with*, χαίρω *rejoice*. συγχαρήσομαι rejoice with.
συγχέω, συγχύνω : σὺν *with*, χέω, χεύω, χύνω, *pour*. συγχεύσω, συγκέχυκα, συγκέχυμαι mix, confound.
συγχράομαι : σὺν *with*, χράομαι *use*. συγχρήσομαι, συγκέχρημαι communicate with.
σύγχυσις -σιος, *Att*. -σεως ; συγχύω. confusion.

συζευγνύω -νῦμι : σὺν with, ζευγνύω, ζεύγω join. συζεύξω, συνέζευχα, συνέζευγμαι join with. 2 a. συνέζυγον.
συζητέω : σὺν with, ζητέω seek. συζητήσω, συνεζήτηκα, συνεζήτημαι question together.
συζήτησις-σεως; συζητέω question. questioning, discussion.
συκάμινος -ου f. fig-mulberry-tree.
σῡκέα -ας, σῡκῆ -κῆς fig-tree.
συκομωραία -ας : σῦκον fig, μωραία mulberry-tree. sycamore, or fig-mulberry-tree, the same as the σῡκάμινος.
σῦκον -κου fig, fruit of the tree συκῆ.
συκοφαντέω ; συκόφαντος : σῦκον fig, φαντός ; φαίνω show. συκοφαντήσω, σεσυκοφάντηκα, σεσυκοφάντημαι give information respecting the importation of figs, give false information, gain by false information.
συλλαλέω : σὺν with, λαλέω speak. συλλαλήσω, συλλελάληκα speak with.
συλλαμβάνω: σὺν with, λαμβάνω, λήβω take. συλλήψομαι, συνείληφα, συνείλημμαι seize, conceive, mid. help. 2 a. συνέλαβον.
συλλέγω : σὺν with, λέγω gather. συλλέξω, συλλέλεχα, συνείλεγμαι collect.
συλλογίζομαι : σὺν with, λογίζομαι ; λόγος calculation. συλλογίσομαι, συλλελόγισμαι reason with.
συλλῡπέομαι : σὺν with, λῡπέομαι grieve. συλλῡπήσομαι condole, grieve.
συμβαίνω : σὺν with, βαίνω, βάω go. συμβήσομαι, συμβέβηκα come to pass. 2 a. συνέβην ; σύμβημι.
συμβάλλω : σὺν with, βάλλω cast. συμβλήσω, συμβέβληκα, συμβέβλημαι cast together, revolve in one's mind, engage. 2 a. συνέβαλον.
συμβιβάζω : σὺν with, βιβάζω make to go. συμβιβάσω, συμβεβίβαχα, συμβεβίβασμαι unite, collect by way of inference, teach.
συμβουλεύω : σὺν with, βουλεύω ; βουλὴ counsel. συμβουλεύσω, συμβεβούλευκα, συμβεβούλευμαι counsel, advise, mid. deliberate together.

συμβούλιον -ου ; σύμβουλος *counsellor* : σὺν *with*, βουλὴ *counsel*. council, counsel.

Συμεὼν m. *Heb. und. hearing.* Simeon. 1. A Jew of the family of David. 2. An old man who took Jesus into his arms, when his Mother brought him into the Temple. 3. The name of St. Peter, *also written* Simon.

συμμαθητής -τοῦ : σὺν *with*, μαθητὴς *disciple* ; μαθέω *learn.* fellow-disciple.

συμπαραγίγνομαι : σὺν *with*, παρὰ *by*, γίγνομαι *am* ; γενέω. συμπαραγενήσομαι, συμπαραγεγένημαι arrive with. 2 a. συμπαρεγενόμην.

συμπάρειμι : σὺν *with*, πάρειμι *am present.* συμπαρέσομαι. am present with.

συμπεριλαμβάνω : σὺν *with*, περιλαμβάνω *surround* : περὶ, λαμβάνω. συμπεριλήψομαι, συμπεριείληφα, συμπεριείλημμαι. surround, embrace.

συμπίνω : σὺν *with*, πίνω *drink*, συνέπιον. drink

συμπληρόω : σὺν *with*, πληρόω ; πληρὴς *full.* συμπλ... σω, συμπεπλήρωκα, συμπεπλήρωμαι fill completely.

συμπνῑ́γω : σὺν *with*, πνῑ́γω *suffocate.* συμπνίξω, συμπέπνῑχα, συμπέπνιγμαι choke, press. 2 a. συνέπνῑγον.

συμπορεύομαι : σὺν *with*, πορεύομαι *go.* συμπορεύσομαι, συμπεπόρευμαι go with.

συμπόσιον -ου : σὺν *with*, πόσιον ; πόω *drink.* drinking together, company.

συμφέρω : σὺν *with*, φέρω *bear.* bear with *tr.* conduce *intr.*

συμφύω : σὺν *with*, φύω *produce.* συμφῡ́σω, συμπέφυκα produce together *tr.* grow together *pass.* 2 a. συνέφυν *intr.* συνεφύην *pass.*

συμφωνέω : σὺν *with*, φωνέω ; φωνὴ *voice.* συμφωνήσω, συμπεφώνηκα speak in unison, agree with.

συμφωνία -ας ; σύμφωνος : σὺν *with*, φωνὴ *voice.* symphony, concert.

συμψηφίζω : σὺν *with*, ψηφίζω *calculate* ; ψῆφος *pebble.* συμψηφίσω, συνεψήφικα, συνεψήφισμαι count up.

σύν with *dat*.

συνάγω : σὺν *with*, ἄγω *lead*. συνάξω, συνῆχα, συνῆγμαι, συνήγαγον lead with, collect.

συναγωγὴ -γῆς ; συνάγω. synagogue.

συναθροίζω : σὺν *with*, ἀθροίζω ; ἄθροος *thick*. συναθροίσω, συνήθροικα, συνήθροισμαι collect together.

συναίρω : σὺν *with*, αἴρω *raise*. συναρῶ, συνῆρκα, συνῆρμαι assist in raising, reckon up.

συνακολουθέω : σὺν *with*, ἀκολουθέω *follow*. συνακολουθήσω, συνηκολούθηκα follow with.

συναλίζω : σὺν *with*, ἀλίζω *collect* ; ἅλις together. συναλίσω, συνήλικα, συνήλισμαι. collect together *mid*. associate oneself with.

συναναβαίνω : σὺν *with*, ἀνὰ *up*, βαίνω ; βάω *go*. συναναβήσομαι, συναναβέβηκα ascend with.

συνανάκειμαι : σὺν *with*, ἀνὰ *up*, κεῖμαι *lie*. συνανεκείμην, συνανακείσομαι recline with.

συναντάω : σὺν *with*, ἀντάω *meet* ; ἄντα *opposite*. συναντήσω, συνήντηκα meet with.

συνάντησις -εως ; συναντάω. meeting.

συναντιλαμβάνω : σὺν *with*, ἀντὶ *in turn*, λαμβάνω, λήβω *take*. συναντιλήψομαι, συναντείληφα, συναντείλημμαι take up with, *mid*. help.

συναποθνήσκω : σὺν *with*, ἀπὸ *from*, θνήσκω, θανέω *die*. συναποθανοῦμαι, συναποτέθνηκα die with. 2 *a*. συναπέθανον.

συναρπάζω : σὺν *with*, ἁρπάζω *seize*. συναρπάσω, συνήρπακα, συνήρπασμαι seize suddenly.

συναυξάνω : σὺν *with*, αὐξάνω, αὐξέω *increase*. συναυξήσω, συνηύξηκα, συνηύξημαι increase with.

σύνδεσμος -ου ; συνδέω *bind together*. bond.

σύνδουλος -λον : σὺν *with*, δοῦλος *slave*. fellow slave.

συνδρομὴ -ῆς : συνδρέμω *obs*. run together, concourse.

συνέδριον -ου : σὺν *with*, ἕδριον ; ἕδρα *seat*. assembly, council consisting among the Jews of 72 Elders.

συνειδέω, συνείδω : σὺν with, εἰδέω, εἴδω know. συνείσομαι, σύνοιδα. 2 aor. συνεῖδον. am conscious.
συνείδησις -εως ; συνειδέω. conscience.
σύνειμι : σὺν with, εἰμὶ am. συνέσομαι, συνῆν am with.
σύνειμι : σὺν with, εἶμι, εἴω go. συνείσομαι come together. 2 a. σύνιον.
συνεισέρχομαι : σὺν with, εἰς into, ἔρχομαι come. συνεισελεύσομαι, συνεισελήλυθα, συνεισῆλθον ; συνελεύθω. enter in with.
συνέκδημος -ου : σὺν with, ἔκδημος absentee. fellow-traveller.
συνελαύνω : σὺν with, ἐλαύνω, ἐλάω drive. συνελάσω, συνελήλακα, συνήλαμαι. unite, reconcile.
συνεργέω : σὺν with, ἐργέω ; ἔργον work. συνεργήσω, συνήργηκα co-operate.
συνέπομαι : σὺν with, ἕπομαι follow. συνειπόμην. follow together.
συνέρχομαι : σὺν with, ἔρχομαι, ἐλεύθω come. συνελεύσομαι, συνελήλυθα. 2 aor. συνῆλθον. come with.
συνεσθίω : σὺν with, ἐσθίω eat. συνεσθίσω, συνήσθικα, συνήσθιμαι eat with.
σύνεσις -εως ; συνίημι understand. understanding.
συνετὸς -ἠ -ὸν ; συνίημι understand. prudent.
συνευδοκέω : σὺν with, εὐδοκέω think well. συνευδοκήσω, συνευδόκηκα join in approving.
συνεφίστημι : σὺν with, ἐφίστημι. συνεπιστήσω, συνεφέστηκα, συνεφέσταμαι, 2 aor. συνεπέστην, tr. set against together, intr. rise against together.
συνέχω : σὺν with, ἔχω hold. συνέξω confine, seize with, constrain.
συνήθεια -ας ; συνήθης : σὺν with, ἤθης ; ἦθος custom. practice, habit.
συνθλάω : σὺν with, θλάω break. συνθλάσω, συντέθλακα, συντέθλασμαι break in pieces.
συνθλίβω : σὺν with, θλίβω press. συνθλίψω, συντέθλιφα, συντέθλιμμαι press together.

συνθρύπτω : σὺν with, θρύπτω break. συνθρύψω, συντέθρυφα, συντέθρυμμαι break in pieces, crush.

συνί'ημι : σὺν with, ἵημι ; ἕω send. συνήσω, συνεῖκα, συνεῖμαι, συνῆν send with, understand.

συνιστάνω -ιστάω -ίστημι : σὺν with, ἱστάω make to stand. συστήσω, συνέστηκα set together, commend tr. stand with intr.

συνοδεύω : σὺν with, ὁδεύω : ὁδὸς travel. συνοδεύσω, συνώδευκα. travel with.

συνοδία -ας ; σύνοδος : σὺν with, ὁδὸς way. journeying together, company.

συνομιλέω : σὺν with, ὁμιλέω ; ὅμιλος. συνομιλήσω, συνωμίληκα. associate with.

συνομορέω : σὺν with, ὁμορέω ; ὅμορος neighbour : ὁμὸς same, ὅρος f. boundary. συνομορήσω. adjoin.

συνοχὴ -ῆς ; συνέχω constrain. constraint.

συντάσσω : σὺν with, τάσσω order. συντάξω, συντέταχα, συντέταγμαι set in order. 2 a. συνέταγον.

συντέλεια -ας ; συντελὴς perfect : σὺν with, τελὴς ; τέλος end. completion.

συντελέω : σὺν with, τελέω ; τέλος end. συντελέσω, συντετέλεκα, συντετέλεσμαι complete.

συντηρέω : σὺν with, τηρέω keep. συντηρήσω, συντετήρηκα, συντετήρημαι keep together, watch closely.

συντίθημι : σὺν with, τίθημι ; θέω place. συνθήσω, συντέθεικα, συντέθεμαι place together. mid. agree together.

συντόμως ; σύντομος concise ; σὺν, τόμος ; τέμνω cut. concisely, briefly.

συντρέχω : σὺν with, τρέχω run. συνθρέξω run with.

συντρῐ́βω : σὺν with, τρῐ́βω rub. συντρίψω, συντέτρῐφα, συντέτριμμαι break to pieces, bruise. 2 a. συνέτρῐβον.

σύντροφος -ον : σὺν with, τρόφος ; τρέφω nourish. foster-child.

συντυγχάνω : σὺν with, τυγχάνω ; τεύχω meet with. συντεύξομαι meet with. 2 a. συνέτυχον.

συνωμοσία -ας ; συνόμνυμι, συνομόω conspire : σὺν, ὁμόω swear. conspiracy.

Συρακοῦσαι -ῶν. Syracusæ, Syracuse, a celebrated city on the E. coast of Sicily.

Συρία -ας ; Σύρος. Syria, properly a region of Asia, bounded to the E. by the Euphrates and Arabia, to the N. by Cilicia and Armenia, to the W. by the Mediterranean, to the S. by Phœnicia and Galilee; but often used to include other regions, as Phœnicia and Palestine.

Σύρος -ου Syrian.

Συροφοίνισσα -σης Syro-Phœnician, a woman inhabitant of Syro-Phœnice, a small district between Syria and Phœnicia, in which the remnant of the Canaanites were settled.

Σύρτις -ιος, Att. -εως, f.; σύρω draw. quicksand. Syrtis, name of two large quicksands off the coast of Africa.

σύ'ρω, σύρῶ, σέσυρκα, σέσυρμαι, draw.

συσπαράσσω : σὺν with, σπαράσσω tear. συσπαράξω, συνεσπάραχα, συνεσπάραγμαι tear in pieces.

σύσσημον -μου : σὺν with, σῆμα sign. agreed signal.

συστασιάστης -του : σὺν with, στασιαστὴς ; στασιάζω ; στάσις sedition. joiner in a sedition.

συσταυρόω : σὺν with, σταυρόω ; σταυρὸς cross. ονσταυρώσω, συνεσταύρωκα, συνεσταύρωμαι crucify together.

συστέλλω : σὺν with, στέλλω send. συστελῶ, συνέσταλκα, συνέσταλμαι. gather up, contract.

συστρέφω : σὺν with, στρέφω turn. συστρέψω, συνέστροφα, συνέστραμμαι. gather.

συστροφὴ -ῆς : συστρέφω. gathering, concourse.

Συχὰρ f. Heb. und. Sychar, a city near mount Gerizim.

Συχὲμ Heb. und. Sychem. 1. m. Son of Hamor or Emmor. 2. f. the place purchased by Jacob of the sons of Hamor.

σφαγὴ -ῆς ; σφάζω kill. sacrifice.

σφαγίον -ου ; σφαγή. victim.

σφόδρα ; σφοδρὸς vehement. very.
σφοδρῶς ; σφοδρός. violently.
σφραγίζω ; σφραγὶς seal. σφραγίσω, ἐσφράγικα, ἐσφράγισμαι seal.
σφυρὸν -οῦ ; σφύρα hammer. ancle.
σχεδὸν ; σχέω, ἔχω hold. nearly.
σχίζω, σχίσω, ἔσχικα, ἔσχισμαι rend, cleave.
σχίσμα -ματος ; σχίζω. rent.
σχοινίον -ου dim. ; σχοῖνος rush. rope.
σχολάζω ; σχολὴ cessation. σχολάσω, ἐσχόλακα am vacant.
σχολὴ -ῆς. cessation, period of cessation from business, school.
σώζω ; σῶς safe. σώσω, σέσωκα, σωθήσομαι, σέσωσμαι save.
σῶμα -ματος body.
σωματικὸς -ὴ -ὸν ; σῶμα. bodily.
Σώπατρος -ου : σάος, σῶς safe, πατήρ. Sopater, a Berœan.
Σωσθένης -εος : σῶς, σθένος strength. Sosthenes, chief of the synagogue at Corinth.
σωτὴρ -τῆρος ; σώζω save. saviour.
σωτηρία -ας, -ον -ου ; σωτήρ. salvation.
σωφρονέω ; σώφρων of sane mind. σωφρονήσω, σεσωφρόνηκα am in sober senses.
σωφροσύνη -ης ; σώφρων. soundness of mind, soberness.

T.

Ταβέρνη -ης Lat. taberna, tavern. Τρεῖς Τάβερναι Three Taverns, a place near Rome, on the Appian Road.
Ταβιθὰ und. f. the Syriac word which in Greek is rendered Dorcas.
τακτὸς -ὴ -ὸν ; τάσσω order. set, appointed.
τάλαντον -του talent, a weight of 125 pounds, or a sum of money equal to it. The Attic talent was equal to 60 Minæ.
ταλιθὰ Syriac word, talitha, Damsel.

ταμείον -ου : τέμνω cut. storehouse, closet.
τάξις -εως ; τάσσω. order.
ταπεινός -νή -νόν humble, lowly.
ταπεινοφροσύνη ; ταπεινόφρων : ταπεινός humble, φρών ; φρήν mind. humility of mind.
ταπεινόω ; ταπεινός. ταπεινώσω, τεταπείνωκα, τεταπείνωμαι humble.
ταπείνωσις -σεως ; ταπεινόω. humble state.
ταράσσω, ταράξω, τετάραχα, τετάραγμαι disturb.
ταραχή -ῆς ; ταράσσω. disturbance.
τάραχος -ου ; ταράσσω. disturbance.
Ταρσεύς -σέως ; Ταρσός. of Tarsus.
Ταρσός -οῦ f. Tarsus, or Tarsi, the capital of Cilicia.
τάσσω, τάξω, τέταχα, τέταγμαι order, arrange.
ταῦρος -ρου bull.
ταφή -ῆς ; θάπτω bury. burial-place.
τάφος -ου tomb.
ταχέως ; ταχύς. quickly. comp. τάχιον, sup. τάχιστα.
τάχος -εος speed.
ταχύς -εῖα -ύ swift. comp. ταχίων, superl. τάχιστος.
τε both, and.
τεῖχος -εος. wall.
τεκμήριον -ίου ; τέκμαρ end. certain proof.
τεκνίον -ου dim. ; τέκνον. little child.
τέκνον -ου ; τίκτω, τέκω beget. son.
τέκτων -τονος workman, smith, carpenter.
τέλειος -α -ον ; τέλος end. perfect.
τελειόω ; τέλειος. τελειώσω, τετελείωκα, τετελείωμαι finish, complete.
τελείωσις -σεως ; τελειόω. completion.
τελεσφορέω ; τελεσφόρος : τέλος tribute, φόρος ; φέρω bear. τελεσφορήσω, τετελεσφόρηκα bring to perfection, bring to maturity.
τελευτάω ; τελευτή. τελευτήσω, τετελεύτηκα, τετελεύτημαι finish tr. die intr.
τελευτή -τῆς ; τελέω. end, death.

τελέω ; τέλος end. τελέσω, τελῶ, τετέλεκα, τετέλεσμαι finish ; τέλος tribute. pay.
τέλος -εος end, tribute.
τελώνης -ου ; τέλος tribute, ὤνης ; ὠνέομαι buy. publican, collector of public taxes, or customs.
τελώνιον -ου ; τελώνης. receipt of custom.
τέρας -ατος prodigy, miracle.
Τέρτυλλος -ου. Tertullus, an orator employed to accuse St. Paul before Felix.
τεσσαράκοντα : τέσσαρες, ἄκοντα ten. forty.
τεσσερακονταέτης -ες : τεσσεράκοντα, ἔτης ; ἔτος year. of forty years.
τέσσαρες -α four.
τεσσαρεσκαιδέκατος : τέσσαρες, καὶ, δέκατος tenth. fourteenth.
τεταρταῖος -α -ον ; τέσσαρες. of the fourth day.
τέταρτος -τη -τον ; τέσσαρες. fourth.
τετράδιον -ίου ; τετρὰς consisting of four. quaternion.
τετρακισχίλιοι -αι -α : τετράκις four times ; τέσσαρες, χίλιοι thousand. four thousand.
τετρακόσιοι -αι -α : τετρὰς consisting of four, 'ἀκόσιοι termination of an adjective formed from ἑκατὸν one hundred. four hundred.
τετράμηνος -νον : τετρὰς ; τέσσαρες, μὴν month. of four months.
τετραπλόος -λόη -λόον, -λοῦς -λῆ -λοῦν ; τετρὰς ; τέσσαρες, πλόος. fourfold.
τετράπους -πουν : τετρὰς of four, πούς foot. four-footed. τετράποδα agr. ζῶα om. quadrupeds.
τετραρχέω ; τετράρχης. τετραρχήσω, τετετράρχηκα am tetrarch.
τετράρχης -χου : τετρὰς consisting of four, ἄρχης ; ἄρχω command. tetrarch, commander of a fourth part of a region.
τέχνη -ης ; τεύχω make. art.
τεχνίτης -ου ; τέχνη. workman.

τηλαυγῶς ; τηλαυγής : τῆλε far, αὐγὴ splendour. clearly.
τηρέω, τηρήσω, τετήρηκα, τετήρημαι keep, preserve, watch.
τήρησις -σεως ; τηρέω watch. custody, prison.
Τιβεριὰς -άδος ; Τιβέριος. Tiberias, city of Galilee at the S. of the sea of Gennesaret.
Τιβέριος -ου Tiberius Cæsar, the Roman Emperor in whose reign Jesus was crucified.
τίθημι ; θέω. θήσω, τέθεικα, τέθεμαι place, lay.
τίκτω ; τέκω. τέξομαι, τέτοκα beget, bring forth. 2 a. ἔτεκον.
τίλλω, τιλῶ, τέτιλκα, τέτιλμαι pluck.
Τιμαῖος -ου Timæus.
τιμάω ; τιμή. τιμήσω, τετίμηκα, τετίμημαι value, honour.
τιμὴ -μῆς ; τίω pay. price, honour.
τίμιος -α -ον ; τιμὴ value. valuable, precious.
Τιμόθεος -ου ; τιμάω honour, Θεὸς God. honouring God, Timotheus, Timothy, a Christian convert and companion of St. Paul, of Derbe.
Τίμων -ωνος Timon, one of the seven deacons.
τιμωρέω ; τιμωρὸς avenger : τιμὴ fine, ὅρος ; ὥρα care. τιμωρήσω, τετιμώρηκα, τετιμώρημαι with acc. punish, with dat. assist. pass. am punished.
τὶς, τὶ, τινὸς some one enclitic. τίνος who? what? interrog.
τίτλος -ου title.
τοίνυν : τοὶ, νῦν. therefore.
τοιοῦτος, τοιαύτη, τοιοῦτο : τοῖος such, οὗτος this. such.
τοῖχος -ου wall.
τόκος -ου ; τέκω. produce. produce, interest.
τολμάω ; τόλμα daring. τολμήσω, τετόλμηκα, τετόλμημαι dare.
τόπος -ου place.
τοσοῦτος, τοσαύτη, τοσοῦτο : τόσος so great, οὗτος this. so great.
τότε : τὸ the. then.
τοὔνομα : τὸ the, ὄνομα name.
τράπεζα -ης table.

τραπεζίτης -του ; τράπεζα. banker.
τραῦμα -ματος ; τραύω. wound.
τραυματίζω ; τραῦμα. τραυματίσω, τετραυμάτικα, τετραυμάτισμαι wound.
τράχηλος -λου neck.
τρᾱχὺς -χεῖα -χὺ rough.
Τρᾱχωνῖτις -τιδος Trachonitis, a region of Syria of which Philip a son of Herod was appointed Tetrarch.
τρεῖς, τρία three. τριῶν, τρισί.
τρέμω, τρεμῶ, τέτρομα tremble.
τρέφω, θρέψω, τέτροφα, τέθραμμαι nourish, bring up.
τρέχω, θρέξω run.
τριᾱ́κοντα ; τρεῖς *three,* ἄκοντα *ten.* thirty.
τριᾱκόσιοι -αι -α ; τρεῖς *three,* 'ᾱκόσιοι *hundred.* three hundred.
τρίβολος -ου ; τρεῖς *three,* βόλος ; βάλλω *cast.* thorn.
τρῐ́βος -ου f. ; τρίβω *rub.* path.
τριετία -ας ; τριετὴς *of three years* : τρὶς *thrice,* ἐτὴς ; ἔτος *year.* space of three years.
τρίζω, τρῐ́σω, *per. mid.* τέτρῑγα gnash, make a hissing noise.
τρὶς ; τρεῖς *three.* thrice.
τρίστεγος -ον : τρὶς *thrice,* στέγος *or* στέγη *roof.* having three floors, τὸ τρίστεγον *agr.* δῶμα. third story.
τρισχίλιοι -αι -α : τρὶς *thrice,* χίλιοι *thousand.* three thousand.
τρίτος -η -ον ; τρεῖς *three.* third.
τρόμος -ου ; τρέμω. trembling.
τρόπος -ου ; τρέπω. turning, manner.
τροποφορέω ; τροπόφορος : τρόπυς, *manner,* φορὸς ; φορέω *bear.* τροποφορήσω, τετροποφόρηκα bear manners.
τροφὴ -ῆς ; τρέφω. food.
Τρόφιμος -ου Trophimus, an Ephesian, companion to St. Paul in his third journey.
τρύβλιον -ου dish.
τρυγάω ; τρύγη. τρυγήσω, τετρύγηκα, τετρύγημαι gather corn *or* fruit.

τρυγών -όνος f. ; τρύζω murmur. turtle-dove.
τρυμαλιά -ᾶς ; τρύω perforate. needle.
τρύπημα -ματος ; τρυπάω perforate. hole.
τρυφή -ῆς ; θρύπτω break. luxury.
Τρωάς -άδος ; Τρώς Trojan, Troas, a district and town of Mysia.
Τρωγύλλιον -ίου. Trogyllium, a town of Lydia.
τρώγω, τρώξω, τέτρωχα eat. 2 a. ἔτραγον.
τυγχάνω ; τεύχω. τεύξομαι hit, succeed, am, happen to be. 2 a. ἔτυχον.
τύπος -ου ; τύπτω. stamp, type, copy.
τύπτω, τύψω, τέτυφα, τέτυμμαι strike, beat. 2 a. ἔτυπον.
Τύραννος -ου. Tyrannus, an Ephesian in whose school St. Paul taught.
τυρβάζω ; τύρβη trouble. τυρβάσω trouble.
Τύριος -α -ον ; Τύρος. Tyrian.
Τύρος -ου f. Tyre, the most celebrated city of Phœnicia.
τυφλός -ή -όν blind.
τυφλόω ; τυφλός. τυφλώσω, τετύφλωκα, τετύφλωμαι blind.
τύφω, θύψω, τέτυφα raise smoke.
τυφωνικὸς -ή -όν ; τυφών, Typhon, hurricane. τύφω. tempestuous.
Τυχικὸς -οῦ ; τύχη fortune. Tychicus, a companion to St. Paul.

Υ.

ὑβρίζω ; ὕβρις insolence. ὑβρίσω, ὕβρικα, ὕβρισμαι insult.
ὕβρις -εως insolence.
ὑγιαίνω ; ὑγιής. ὑγιανῶ, ὑγίαγκα, am in health.
ὑγιής -ές whole, in health.
ὑγρὸς -ά -όν ; ὕω rain. wet, green.
ὑδρία -ας ; ὕδωρ water. water-pot.
ὑδρωπικὸς -ή -όν ; ὕδρωψ dropsy. dropsical.
ὕδωρ, ὕδατος n. ; ὕω rain. water.
ὑετὸς -οῦ ; ὕω. rain.
υἱὸς -οῦ son.

ὑμέτερος -α -ον ; ὑμεῖς ye. your.
ὑμνέω ; ὕμνος hymn. ὑμνήσω, ὕμνηκα, ὕμνημαι sing.
ὑπάγω : ὑπὸ under, ἄγω lead. ὑπάξω, ὑπῆχα, ὑπῆγμαι lead under, go, depart intr.
ὑπακούω : ὑπὸ under, ἀκούω hear. ὑπακούσω, ὑπακήκοα obey.
ὑπαντάω : ὑπὸ under, ἀντάω ; ἄντα opposite. ὑπαντήσω, ὑπήντηκα meet.
ὑπάντησις -εως ; ὑπαντάω. meeting.
ὕπαρξις -εως ; ὑπάρχω belong. possession.
ὑπάρχω : ὑπὸ under, ἄρχω begin. ὑπάρξω, ὑπῆρχα take the lead, am, belong. ὑπάρχοντα goods.
ὑπὲρ gen. for, concerning, acc. above, beyond.
ὑπερειδέω ; ὑπερείδω : ὑπὲρ above, εἰδέω, εἴδω see. ὑπεροῖδα overlook. 2 a. ὑπερεῖδον.
ὑπερεκχύ́νω : ὑπὲρ above, ἐκ out, χύνω, χύω pour. ὑπερεκχύσω, ὑπερεκκέχυκα, ὑπερεκκέχυμαι pour out above measure.
ὑπερηφανία -ας ; ὑπερήφανος. pride.
ὑπερήφανος -ον : ὑπὲρ above, φαίνω shew. haughty, proud.
ὑπερπερισσῶς ; ὑπερπέρισσυς. very exceedingly.
ὑπερῷος -α -ον ; ὕπερος ; ὑπὲρ above. upper. agr. δῶμα. upper chamber.
ὑπήκοος -ον : ὑπὸ under, ἤκοος ; ἀκούω hear. obedient.
ὑπηρετέω ; ὑπηρέτης servant. ὑπερετήσω, ὑπηρέτηκα serve, minister.
ὑπηρέτης -ου : ὑπὸ under, ἐρετὴς ; ἐρέσσω, row. a rower under the command of another, servant, minister.
ὕπνος -νου sleep.
ὑπὸ gen. dat. by. acc. under.
ὑποβάλλω : ὑπὸ under, secretly, βάλλω cast. ὑποβλήσω, ὑποβέβληκα, ὑποβέβλημαι suborn.
ὑπόδειγμα -ματος ; ὑποδείκνυμι. example.
ὑποδείκνυμι -νύω : ὑπὸ under, δείκνυμι, δείκω shew. ὑποδείξω, ὑποδέδειχα, ὑποδέδειγμαι shew, instruct.
ὑποδέχομαι : ὑπὸ under, δέχομαι receive. ὑποδέξυμαι, ὑποδέδεγμαι receive with hospitality.

ὑποδέω : ὑπὸ under, δέω bind. ὑποδήσω, ὑποδέδηκα, ὑποδέδεμαι bind under.
ὑπόδημα -ματος ; ὑποδέω. sandal.
ὑποζύγιος -ον : ὑπὸ under, ζύγιος ; ζυγὸς yoke. subjected to the yoke.
ὑποζώννυμι : ὑπὸ under, ζώννυμι, ζωννύω ; ζόω obs. bend. ὑποζώσω, ὑπέζωκα, ὑπέζωσμαι pass ropes under the keel, undergird.
ὑποκάτω : ὑπὸ under, κάτω below. underneath.
ὑποκρίνω : ὑπὸ secretly, κρίνω separate. ὑποκρινῶ, ὑποκέκρικα, ὑποκέκριμαι. mid. act, pretend.
ὑπόκρισις -εως ; ὑποκρίνομαι. hypocrisy, pretence.
ὑποκριτὴς -οῦ ; ὑποκρίνομαι. actor, pretender, hypocrite.
ὑπολαμβάνω : ὑπὸ under, λαμβάνω, λήβω take. ὑπολήψομαι, ὑπείληφα, ὑπείλημμαι take up, interrupt, answer, suppose. 2 a. ὑπέλαβον.
ὑπολήνιον -ου : ὑπὸ under, λήνιον ; ληνός. wine-pit.
ὑπομένω : ὑπὸ under, μένω remain. ὑπομενῶ, ὑπομεμένηκα remain, persevere.
ὑπομιμνήσκω : ὑπὸ under, μιμνήσκω ; μνάω remind. ὑπομνήσω, ὑπομέμνηκα, ὑπομέμνημαι remind.
ὑπομονὴ -ῆς ; ὑπομένω persevere. patience.
ὑπονοέω : ὑπὸ under, νοέω perceive. ὑπονοήσω, ὑπονενόηκα, ὑπονενόημαι suppose, suspect.
ὑποπλέω : ὑπὸ under, πλέω sail. ὑποπλεύσω, ὑποπέπλευκα sail under.
ὑποπνέω : ὑπὸ under i. e. slightly. ὑποπνεύσω, ὑποπέπνευκα blow softly.
ὑποπόδιον -ου : ὑπὸ under, πόδιον ; ποῦς foot. footstool.
ὑποστέλλω : ὑπὸ under, στέλλω send. ὑποστελῶ, ὑπέσταλκα, ὑπέσταλμαι lower, e. g. sails in a storm, withdraw. mid. shrink.
ὑποστρέφω : ὑπὸ under, στρέφω turn. ὑποστρέψω, ὑπέστροφα, ὑπέστραμμαι return. 2 a. ὑπέστραφον.

ὑποστρέφω : ὑπὸ under, στρέφω turn. ὑποστρέψω, ὑπέστροφα, ὑπέστραμμαι return. 2 a. ὑπέστραφον.
ὑποστρωννύω -νυμι : ὑπὸ under, στρώννυμι, στρώω. ὑποστρώσω, ὑπέστρωκα, ὑπέστρωμαι strew under.
ὑποτάσσω : ὑπὸ under, τάσσω order. ὑποτάξω, ὑποτέταχα, ὑποτέταγμαι set under. mid. obey.
ὑποτρέχω : ὑπὸ under, τρέχω run. ὑποθρέξω, 2 a. ὑπέδραμον ; ὑποδρέμω, ὑποδραμέω run under.
ὑποχωρέω : ὑπὸ secretly, χωρέω go. ὑποχωρήσω, ὑποκεχώρηκα depart secretly.
ὑπωπιάζω ; ὑπώπιον : ὑπὸ under, ὤπιον ; ὤψ eye. ὑπωπιάσω, ὑπωπίακα, ὑπωπίασμαι hit under the eye, bruise, trouble.
ὕσσωπος -που f. hyssop, a tall shrub.
ὑστερέω ; ὕστερος. ὑστερήσω, ὑστέρηκα am late, or deficient.
ὑστέρημα -ματος ; ὑστερέω. poverty, defect.
ὑστέρησις -σεως ; ὑστερέω. deficiency.
ὕστερος -α -ον later, after.
ὑφαντὸς -τὴ -τὸν ; ὑφαίνω weave. woven.
ὑψηλὸς -λὴ -λὸν ; ὕψος. high.
ὕψιστος -τη -τον ; ὕψος. highest.
ὕψος -εος height.
ὑψόω ; ὕψος. ὑψώσω, ὕψωκα, ὕψωμαι lift up.

Φ.

φάγος -ου ; φάγω. glutton.
φάγω, φαγοῦμαι and φάγομαι. eat. 2 a. ἔφαγον.
φαίνω ; φάνος. φανῶ, πέφαγκα, πέφαμμαι shew, shine intr.
Φαλὲκ m. Heb. und. division. Phaleg, a descendant of Noah.
φανερὸς -ὰ -ὸν ; φαίνω. manifest, apparent.
φανερόω ; φανερός. φανερώσω, πεφανέρωκα, πεφανέρωμαι manifest.

φανερῶς ; φανερός. openly.
φανός -οῦ ; φαίνω. light, torch.
Φανουὴλ m. *Heb. und.* Phanuel, father of the prophetess Anna.
φαντασία -ας ; φαντάζω ; φαντὸς ; φαίνω *shew.* shew, pomp.
φάντασμα -ματος ; φαντάζω. phantom, spectre.
φάραγξ -γγος f. valley.
Φαραὼ m. *und.* Pharaoh, name borne by many Egyptian kings.
Φαρὲς m. *Heb. und. separation.* Phares, son of Judah.
Φαρισαῖος -ου ; φαρές. Pharisee, or separatist, one who affected to separate himself from the rest of the people, professing a greater degree of purity, and a more scrupulous adherence to the law of Moses.
φάσις -εως ; φημί, φάω *say.* saying, report.
φάσκω ; φάω. say.
φάτνη -νης manger, outer court.
φαῦλος -λη -λον contemptible, wicked.
φέγγος -γεος light.
φείδομαι, φείσομαι spare.
φέρω, ἐνέγκω bear : οἴσω ; οἴω. 1 *a.* ἤνεγκα, 1 *a. pass.* ἠνέχθην.
φεύγω, φεύξομαι, *perf. mid.* πέφευγα, πέφυγμαι fly.
Φῆλιξ -ικος : *Lat.* Felix, Antonius Felix, sent as a procurator of Judæa by Claudius, infamous for his misconduct.
φήμη -μης ; φάω *say.* report.
φημὶ ; φάω. φήσω, ἔφην say.
Φῆστος -ου. *Lat.* Porcius Festus, successor to Felix.
φθάνω, φθάω, φθάσω, ἔφθακα anticipate. ἔφθην ; φθημί.
φθέγγομαι, φθέγξομαι speak.
φθόνος -ου envy, odium.
φιλανθρωπία -ας ; φιλάνθρωπος : φίλος ἄνθρωπος *fond of man.* friendliness.
φιλανθρώπως ; φιλάνθρωπος. kindly.

φιλάργυρος -ον : φίλος, ἄργυρος *silver*. fond of silver.
φιλέω ; φίλος. φιλήσω, πεφίληκα, πεφίλημαι love, kiss.
φίλημα -ματος ; φιλέω. kiss.
Φίλιπποι -ων ; φίλιππος. Philippi, a city of Macedonia, whose name was changed from Crenidæ by king Philip.
Φίλιππος : φίλος *friend*, ἵππος *horse.* [Philip. 1. A brother of Herod the Tetrarch, himself Tetrarch of Itūrea and Trachōnitis. 2. One of the Twelve Apostles. 3. One of the seven deacons, called the Evangelist.
φιλονεικία -ας ; φιλόνεικος : φίλος, νεῖκος *quarrel*. dispute.
φίλος -ου friend.
φιλόσοφος -ου ; φίλος *friend*, σοφὸς *wise.* friend of wise men, philosopher.
φιλοφρόνως ; φιλόφρων *of friendly mind* : φίλος, φρὼν ; φρήν. friendly.
φιμόω ; φῖμὸς *muzzle.* φιμώσω, πεφίμωκα, πεφίμωμαι muzzle, silence.
φλὸξ -ογὸς ; φλέγω *burn.* fire.
φοβέω ; φόβος. φοβήσω, πεφόβηκα, πεφόβημαι frighten.
φόβητρον -ου : φοβέω. fearful sign.
φόβος -ου ; φέβω. fear, terror.
Φοινίκη -ης. Phœnicia, a maritime district at the N.W. of Palestine.
Φοῖνιξ -νικος. Phœnix *or* Phœnice, a harbour on the S. of Crete.
φοίνιξ -νικος m. palm.
φονεὺς -έος ; φόνος. murderer.
φονεύω ; φόνος. φονεύσω, πεφόνευκα, πεφόνευμαι murder.
φόνος -ου ; φένω *kill.* murder.
φορέω : φορὸς ; φέρω. φορήσω, πεφόρηκα, πεφόρημαι bear.
φόρος -ου ; φέρω. tribute. *Lat*. Forum.
φορτίζω ; φόρτος ; φέρω. φορτίσω, πεφόρτικα, πεφόρτισμαι impose burden.
φορτίον -ου *dim.* ; φόρτος. burden.
φόρτος -ου ; φέρω *bear.* burden.
φραγέλλιον -ου ; flagellum *Lat.* scourge.

φραγελλόω ; flagello *Lat.* φραγελλώσω, πεφραγέλλωκα, πεφραγέλλωμαι scourge.
φραγμὸς -μοῦ ; φράσσω *hedge.* fence, hedge.
φράζω, φράσω, πέφρακα, πέφρασμαι say, explain.
φρέαρ -ατος n. well.
φρονέω ; φρὼν ; φρὴν *mind.* φρονήσω, πεφρόνηκα, πεφρόνημαι understand, value.
φρόνησις -εως ; φρονέω. thought, wisdom.
φρόνιμος -ον ; φρήν. prudent.
φρονίμως ; φρόνιμος. prudently.
φρυάττω, φρυάζω, πεφρύαχα, πεφρύαγμαι neigh, murmur.
φρύγανον -ου ; φρύγω *bake.* faggot.
Φρυγία -ας ; Φρύξ. Phrygia, a province at the N.W. of Asia Minor.
φυγὴ -ῆς ; φύγω *obs. flee.* flight.
φυλακίζω ; φυλακή. φυλακίσω, πεφυλάκιχα, πεφυλάκισμαι. give in custody.
φυλακτήριον -ου ; φυλακτὴρ ; φυλάσσω *guard.* any thing used to guard, phylactery. The Jews were accustomed to inscribe parts of the law of Moses on plates, or parchments, and bind them on the forehead or arm, inclosed in bands or cases, under an idea that they would preserve them from evil. *See* Deut. vi. 8.
φύλαξ -ακος guard.
φυλάσσω ; φύλαξ. φυλάξω, πεφύλαχα, πεφύλαγμαι guard. *mid.* guard against.
φυλὴ -λῆς tribe.
φύλλον -λου leaf.
φυτεία -ας ; φυτόν ; φύω *plant.* plantation.
φυτεύω ; φυτόν. φυτεύσω, πεφύτευκα, πεφύτευμαι plant.
φύω ; φυμί. φύσω, πέφυκα produce *tr.* grow *intr.* 2 a. ἐφύην, *pass.* ἔφυν.
φωλεὸς -οῦ hole, cave.
φωνέω ; φωνή. φωνήσω, πεφώνηκα, πεφώνημαι call, speak.
φωνὴ -νῆς voice, sound.
φῶς, φωτὸς n. light.

φωτεινὸς -νὴ -νὸν ; φῶς. light.
φωτίζω ; φῶς. φωτίσω, πεφώτικα, πεφώτισμαι lighten.

X.

χαίρω, χαρέω. χαρήσομαι rejoice. 2 a. ἐχάρην.
χαλάω, χαλάζω. χαλάσω, κεχάλακα, κεχάλασμαι loosen.
Χαλδαῖος -αία -αῖον. of Chaldæa, the country in Asia of which Babylon was the capital.
χαλεπὸς -ὴ -ὸν ; χαλέπτω hurt. painful, dangerous, hard.
χαλκέον -ου, -οῦν -οῦ ; χαλκός. brazen vessel.
χαλκὸς -κοῦ brass.
χαμαὶ on the ground.
Χαναὰν m. und. Canaan, the name of the country given to the descendants of Abraham.
Χαναναῖος -α -ον ; Χαναὰν Canaan. Canaanite.
χαρὰ -ᾶς ; χαίρω. joy.
χάραγμα -ματος ; χαράσσω engrave. impression, device.
χάραξ -ακος m. trench.
χαρίζομαι ; χάρις. χαρίσομαι, κεχάρισμαι do a favour, give gratuitously.
χάρις -ιτος f. favour, grace. χάριν i. e. gov. κατὰ om. on account of.
χαριτόω ; χάρις. χαριτώσω, κεχαρίτωκα, κεχαρίτωμαι distinguish by favour.
Χαῤῥὰν m. und. Charrhan, or Haran, a town and district of Mesopotamia.
χάσμα -ματος ; χάω gape. opening in the ground.
χεῖλος -λεος lip.
χειμάζω ; χεῖμα storm. χειμάσω, κεχείμακα, κεχείμασμαι trouble with tempest.
χείμαῤῥος -ρου : χεῖμα winter, ῥόος ; ῥέω flow. torrent.
χειμὼν -μῶνος m. winter, storm.
χεὶρ, χειρὸς f. hand.
χειραγωγέω ; χειραγωγός. χειραγωγήσω lead by the hand.
χειραγωγὸς -οῦ : χεὶρ hand, ἀγωγὸς leader ; ἄγω lead. leader by the hand, guide.

χειροποίητος -τον : χείρ hand, ποιητός ; ποιέω make. made with hands.
χειροτονέω : χείρ hand, τονέω ; τείνω stretch. χειροτονήσω, κεχειροτόνηκα, κεχειροτόνημαι appoint by imposition of hands.
χείρων -ρον worse.
χήρα -as widow.
χθές yesterday.
χιλίαρχος -χου : χίλιοι thousand, άρχος ; άρχω command. commander of a thousand men, tribune.
χιλιάς -άδος ; χίλιοι thousand. a collection of a thousand.
Xίος -ου f. Chios, a large island at the E. of the Ægean, between Samos and Lesbos.
χιτών -ῶνος m. tunic, interior garment.
χιών -όνος f. snow.
χλαμύς -ύδος cloak, robe.
χλευάζω ; χλεύη derision. χλευάσω, κεχλεύακα deride, mock.
χλωρός -ρά -ρόν ; χλόα green grass. green.
χοῖρος -ρου pig.
χολάω ; χολή. χολάσω, κεχόλακα am angry.
χολή -ῆς bile, bitterness.
χόος -οῦ, χοῦς, χοῦ ; χέω pour. raised earth, dust.
χορός -οῦ chorus, band of singers.
χορτάζω ; χόρτος. χορτάσω, κεχόρτακα, κεχόρτασμαι feed with grass, fill, satisfy.
χόρτασμα -ματος ; χορτάζω feed. food.
χόρτος -του grass.
Χουζᾶς -ζᾶ Chusa, steward of Herod the Tetrarch.
χράω, χρήσω, κέχρηκα, κέχρημαι lend for use, deliver an oracle. mid. use dat.
χρεία -as need.
χρεωφειλέτης -ου : χρέως debt, ὀφειλέτης ; ὀφείλω owe. debtor.
χρήζω ; χρεία. χρήσω, κέχρηκα, κέχρημαι need.
χρῆμα -ματος ; χράομαι use. money, business.

χρηματίζω ; χρῆμα ; χράω give oracular answer. χρηματίσω, κεχρημάτικα, κεχρημάτισμαι warn, reveal.
χρηστὸς -τὴ -τὸν ; χράω lend for use. useful, kind.
Χριστιανὸς -οῦ ; Χριστός. Christian.
Χριστὸς -τοῦ ; χρίω. Christ, Anointed, agreeing in signification with the Hebrew word Messias.
χρίω, χρίσω, κέχρῖκα, κέχρισμαι anoint.
χρονίζω ; χρόνος. χρονίσω, κεχρόνικα delay.
χρόνος -ου time.
χρονοτριβέω ; χρονοτριβής. χρονοτριβήσω spend time.
χρυσίον -ίου dim. ; χρυσύς. gold.
χρυσὸς -σοῦ gold.
χρὼς -ωτὸς flesh, skin.
χωλὸς -λὴ -λὸν lame.
χώρα -ρας region, place, country.
Χωραζὶν, Χοραζὶν f. Chorazin, a town near the sea of Galilee.
χωρέω ; χῶρος place. χωρήσω, κεχώρηκα go, depart, contain, receive.
χωρίζω ; χωρίς. χωρίσω, κεχώρικα, κεχώρισμαι separate, sunder.
χωρίον -ου dim. ; χῶρος. place.
χωρὶς without, except, separately.
χῶρος ·ου. North-west wind.

Ψ.

ψαλμὸς -μοῦ ; ψάλλω sing. psalm.
ψευδὴς -ὲς ; ψεῦδος falsehood. false.
ψεύδω, ψεύσω, ἔψευκα, ἔψευσμαι deceive. mid. lie.
ψευδομάρτυρ -τυρος : ψεῦδος falsehood, μάρτυρ witness. false witness.
ψευδομαρτυρέω ; ψευδομάρτυρ. ψευδομαρτυρήσω, ἐψευδομαρτύρηκα bear false witness.
ψευδομαρτυρία -ας ; ψευδομάρτυρ. false witness.
ψευδοπροφήτης -του : ψεῦδος falsehood, προφήτης prophet. false prophet.

ψεῦδος -δεος falsehood, wickedness.
ψευδόχριστος -του : ψεῦδος, Χριστὸς Christ. false Christ.
ψεύστης -του ; ψεύδω. liar.
ψηλαφάω, ψηλαφήσω, ἐψηλάφηκα, ἐψηλάφημαι touch, feel.
ψηφίζω ; ψῆφος pebble. ψηψίσω, ἐψήφικα, ἐψήφισμαι calculate.
ψῆφος -ου f. pebble, used in voting or calculating, vote.
ψίχιον -ου dim. ; ψίχη. crumb.
ψυχὴ -χῆς soul, life.
ψύχος -εος cold.
ψυχρὸς -ὰ -ὸν ; ψύχος. cold.
ψύχω, ψύξω, ἔψυχα, ἔψυγμαι cool.
ψωμίον -ου dim. ; ψωμός. piece of bread.
ψώχω, ψώξω, ἔψωχα, ἔψωγμαι rub.

Ω.

ὦ Adv. O.
Ὠβὴδ m. Heb. und. Obed, grandfather of David.
ὧδε ; ὅδε this. here, hither, thus.
ὠδὶν -δῖνος f. pain of child-birth, tribulation.
ὦμος -μου shoulder.
ὠνέομαι, ὠνήσομαι, ὤνημαι buy.
ὠὸν -οῦ egg.
ὥρα -ρας hour, season.
ὡραῖος -α -ον ; ὥρα season. in season, beautiful.
ὡς ; ὅς who. as, when.
ὡσαννᾶ Heb. Hosanna. Save, I pray.
ὡσαύτως : ὡς thus, αὕτως ; οὗτος this. in like manner.
ὡσεὶ : ὡς as, εἰ if. as it were.
ὥσπερ : ὡς, περ. as.
ὥστε : ὡς, τε. that. used with indicative or infinitive.
ὠτίον -ου dim. ; οὖς. ear.
ὠφελέω ; ὄφελος assistance. ὠφελήσω, ὠφέληκα, ὠφέλημαι assist, profit.

FINIS.

Printed by Taylor and Francis, Red Lion Court, Fleet Street.

www.ingramcontent.com/pod-product-compliance
Lightning Source LLC
Chambersburg PA
CBHW030314170426
43202CB00009B/999